漫遊者行記

朱曉劍

自序　旅行的意義

關於旅行，有什麼比那過程中的意外更令人期待呢？每一次行走在不同的地方，所看到的聽聞的不過是一些值得記下或被遺忘的趣聞而已。

那麼，旅行的意義又將是什麼？

有的人說的很玄乎，好像是不旅行就去死似的。但旅行對每個人而言，不過是一件外衣，從這裏到那裏，有許多路徑可以走，但也可以另闢蹊徑，不管是通過哪一種路途，只會抵達某一個終點的吧。這時候，我們看到的風景，又將是怎樣？比別人更生動一點，還是更多一些記憶？事實上，可能並不是那麼回事，而是在於這時候是不是有更多的「發現」。

是的，發現。這個詞或許揭示了旅行的秘密。沒有發現的旅行就如同我們身處這個世界，發現不了身邊的美與醜一樣。就好像我們的每天的上班下班，卻尋找不到工作與生活的意義。

頹廢主義。

又或者是我們無法享受更多的樂趣。旅行所提供給我們的是什麼？難道不是從家裏出發，經過些許過程，抵達目的地，這一個過程，每次都會有所不同，可我們不會在意它的細節，只消到了某一個地方，似乎就已經足夠了。

可是，當我們發現，在旅行的過程中，還有更多值得我們追憶的故事時，是不是對旅行有了一種貪戀。

上路，出發。

在簡單主義者看來，旅行所賦予我們的不再是浮躁，而是如登山者一樣，每一個腳印都註定要腳踏實地，來不得半點虛假。

慢下來，在旅行的過程中，也是必須的。

因為慢，所以發現。

因為旅行，所以省醒。

因為旅行，才發現生活的大不同，這既是旅行的意義。

二〇一三年一月十六日

目次

卷二 雲下

卷四 細部

卷五　印刻

卷一　川上

城市漫遊者的下午

下午，照例是慵懶的。待在房子裡，實在是沒趣，網上是喧鬧的，也不想看了。禪學自從南北離開以後，在成都基本上是沒落了。還有幾個人談呀，都跑去喝酒泡美眉去了。

就走了出來，在河邊慢慢地遊走，沒有方向，也不需要目標，就像名人說的那樣：這不重要。邊走邊看路上的風景，比如一位美眉一閃而過，比如一個交通警察攔住騎車搭人的傢伙，然後是爭執，看上去都饒有趣味的。後來，來到了一個小巷，有個名人住在這裡，我張望了一下，只看見來往的車輛，我就又走了。

在另外一條小巷，看見一家小店，門口擺著花圈什麼的，裡面有一架架的書，就走了進去，慢慢地看，沒有找到中意的。有一位婦女在做祭奠用的蠟燭，店裡空間很小，幾乎被書擠滿了。我向裡走了幾步，然後就聽見了一些鼾聲，一個男人在門簾後面，我不知道他是什麼樣的人。站了一下，看了一些舊書，然後挑選了一本

《上海的風花雪月》，有點破舊，就放下了。後來，就挑了劉紹棠的《村婦》、陳丹燕的《上海的紅顏逸事》、倪匡的《金庸筆下的男女》、以及紐約時報書評的精選《西風吹書讀哪頁》，這一冊應該我買過一冊，不大記得了。

出來，沿著小巷繼續行走。看見不少門店，裡面有一些美女。我這才想起來，多少年以前，我在這附近上班，做著一家四川建材的雜誌，做了兩個月就沒有做下去了。那時的印象似乎不是這樣的。

不久穿過人民北路，到了府河橋市場，繼續北行，就上了二環路。左轉，向營門口走去。反正沒有事情，不妨繼續漫遊下去。走不多遠，想著丁朝陽兄就在旁邊，就上去坐坐。聊了會天，就繼續出來。這次沒有沿二環路行走，而是走進一條小巷，七拐八彎的，也不曉得到了什麼地方，看看路牌，都是陌生的，穿過一個菜市，看見不少人坐在露天裡喝茶，本來想坐下來，這不遠的地方有石鳴和老楊，可以電話一下，後來想想就算了，即使出來也是坐一兩個小時，也是不盡興的。就繼續往城裡走。

上了一環，是青羊社區。接著向青羊宮方向走。在文化公園的紅燈口拐彎，走錦里西路。我在這地方住過一段時間，怎麼都不方便，沒有書店，菜市又遠，想在樓下吃早餐都是很麻煩的事，實在是忍受不了，後來就搬走了。

在散花樓下，看見一位和尚給一位姑娘算卦。我望樓上看了看，沒有見熟悉的趙老師以及老王與老楊。有次我們鬥地主，趙老師毫不客氣地贏了，然後老王請飯，我喝了一瓶啤酒，好像就那樣簡單結束了一個夜晚。

沿著河邊行走。河邊當然少不了喝茶算卦掏耳朵的，自然少了男女的私會。我就一直沿著河邊行走，就回到了家。

三環生活記

上個世紀末，因緣際會跑到成都來讀書，那時候的成都還跟鄉壩頭類似，好多道路是狹窄逼仄的，道路也有不少是稀爛的，記得是在順江路有著許多路邊攤，而像三官堂一帶的路坑坑窪窪，每次行走，都覺得異常奇怪，難道這就是傳說的成都？

那以後，時常搬家，從神仙樹搬到武侯大道，再到錦里西路，海椒市街。這搬家不僅由於經濟的原因，哪兒房租低，上班方便，居住的周圍能有讓人皈依的感覺最好：在那裡，儘管是租居，依然會有家的感覺。

房租越來越高，按照朋友的說法，與其每個月給房東一筆錢，再加一點買房算啦，如此一想，何嘗不是如此。乾脆就找個機會移居到三環路邊上。北三環，居住也不是很方便，買菜去菜市場是小型的，菜蔬的品種也不是很多，但周圍有像樣的公園，比如金牛公園，更有著川西園林的代表作——易園，在那裡，時常會遇到拍婚紗照的男女。

週末，一個人騎著自行車溜達，看見亂糟糟的菜市，以及流動的小攤，他們偶爾會占道，一條路半天才能通過，你也會想，這可真不夠好，至少是給出行帶來了煩惱。但仔細一想，都讓人生出些許溫情來。一次，在一條小巷裡行走，居然找不到出來的方向，只好原路返回，這也是一種城市探索吧，因為通過這樣的丈量，你才能感知這個城市的深度與厚度。這讓我想起台灣晃蕩達人舒國治的「行為藝術」，時常在街頭晃蕩，遭遇種種故事，這亦是享受生活的一部分。藝術家朱其將此稱為「牛經大學」旁的鄉村後現代：有破舊不堪的廉價纖維雨布支起的露天大棚，沿街擺開一長溜水果攤、小吃攤，旁邊垃圾亂扔。也有卡拉OK、網吧、舞廳、酒吧、足療店、美容店……它們是那麼和諧的相處。

最可喜的還是三環路邊的綠化，令人著迷。樹木鬱蔥，花草繁盛，遠看，既有一片綠意，儘管不知它們的姓名，看到這些植物，依稀有回到杜工部的「曉看紅濕處，花重錦官城」的影像了，甚至於會帶出一些詩情來。每次沿著三環路散步，都會生出一種感慨來，這跟回歸自然差不多的了，若是再有點兒莊稼，或植一些果樹，簡直就有田園的感覺了。

生活的不便，在這種時候似乎是可以忽略不計的。如果在一環、二環，也有不少的植物出現，但遠沒有三環的豐盛，就像一桌豪華的宴席，誘惑著那顆弱小的胃，但一經品嚐，大有一次享受個夠的痛快。某次在三環路上騎行，累了，就坐在樹叢下小憩，看來往的車輛，以及車聲，走在路上的男女，滑過的公車……這樣的場景熟悉而又有些疏離，就如人跟城市的關係，那樣的一種感覺大概只能用妙不可言來形容。偶爾在三環路發呆，想像一下生活場景，是不是一種有格調的生活姿勢？

不過，這需要慢慢地去體會，理解。如此，在繁忙的工作之餘，才能找到生活本身擁有的更多樂趣。發現生活，不需要更多的道理，只消留心這生活中的點滴，有一雙發現的眼睛，足矣。那麼，對我來說，與其沉睡在某個夢想中，不如選擇不同的時段出來，在三環路上溜達，就會發現許多意想不到的樂趣了。

大觀之觀

去都江堰好多回了，卻很少去爬山，不是因為年歲大了，而是在山下的風景也足夠看的了。青城前山無多少風景，外山卻殊異，六座山丘環列，狀如蓮花，風景有，美食也不見少，在山青水秀的地方，胃口是打開的，所以每次去，都吃到爽，特別是在山水之間，能體味到一種自然之美了。

後來才知道，那一片山水叫大觀，距青城山三公里。與這裡有緣，先後兩次來遊玩，感覺大不一樣。第一次是參加大觀詩會，一群人浩浩蕩蕩進到大觀鎮，然後翻過兩河口，在山深處的一家農家樂住下來，然後在山裡享受空氣的寧馨。傍晚時，幾個人散步，卻遇上了雨，於是去河邊，在河邊戲水，這河中原來是可以漂流的，但這不是雨季，只能看看罷了，雨越來越稠密了，只好轉回去。晚上有烤羊，但雨是越下越大，眾人躲在雨傘下喝酒，聽雨，那情景倒令人念起某些樸素的生活了。第二天，去往傳說中的普照寺，雨歇霧散，漫步在山林中，也多少有些詩意了。二〇〇〇年以後，不少明星來這裡燒香拜佛，步上三十九級臺階則是另外一重體驗了。

這次詩會的印象深刻，於是，就有了第二次之行。不過，這回去看荷花，千畝荷塘，滿眼的綠，也有三聖鄉的荷塘月色的景致，但跟三聖鄉的相比，卻多了野趣，儘管也是成片的，好像是不經意間，拔地而起。人們在荷塘邊流連，拍照，成為一大風景。賞荷是需要心情的，如果缺失了這個，可能看到的也是一片綠色，卻多少無法體會出那綠不在於色彩，而是根源於內心的某個觸覺了。擇一處地方坐下來，沒有蛙鳴，倒是陽光灑下來，別有意味。在我們變得越來越成為商業主義者時，能靜下心來，就已經有樸素的意境在了。放大了的話，那就成了別有洞天的幸福吧。

朋友陳大華與大觀比鄰而居，他說，有時間來我這裡喝茶、聊天，談詩亦可。但都沒有去成。他就像一位隱士一般在那裡過著閒雲野鶴般的生活：寫寫字，養養花，拍拍照片。某一天的晚上，月亮奇好，我剛巧又在都江堰，於是就邀著幾個朋友到他那裡去賞月、飲茶，但那晚因為酒醉而爽約了。好在這樣的約會有的是時間去實現。不過，說不定哪一天聚在一起，沒有月亮，有詩足矣。這樣的生活，總讓人讚歎，大抵是不經意才能遇到，是刻意不來的。

我曾以為，喜歡一個地方的原因可能多種多樣，但最根本的是跟那片山水、人文是否投契。這樣的要求也許高了些，但有些地方，儘管很有名氣，但你去了，總有一些「隔」，那是心與心的距離，彷彿難以逾越的鴻溝了。在這樣的一個普通的川西小鎮上，你能邂逅到一段故事，一段經歷，對都市人來說那就是屬於田園的一部分，唯美而又愜意的享受。

新都行記

出成都北，不過十餘分鐘，有一新城，曰新都，處成都的近郊，我去過一兩次而已。而早在此前，就常常在文人詩人筆下看到它的丰姿。去桂湖賞花、喝茶是難得的事。選個週末，趕著公車，徐徐而行，花也看了，茶也喝了，到了下午，再徐徐而回，過的是一個悠然生活。

我第一次去時，是跟詩人王國平一起的，那時桂湖還見一池荷花，倒也別有一番風味。楊升庵和黃娥的故事早看了不少。當年，他們住在桂湖邊，過家常生活，可現在，湖還在，人已遠，尋尋覓覓，卻難以見到往日的蹤影，有的不過是一座房子，一些塑像罷了。徐悲鴻與廖靜文也曾在這裡遊蕩，「濃烈的桂花芳香撲鼻而來，沁人心脾，真有香動天地之感」，並定情，不管如何，這都是桂湖上的佳話了。那天與幾位詩人一起喝茶，閒聊，無非是那些陳年舊事，那一座碑林都在晚飯上的下酒，更平添了一些詩意。

第二次來，是參加第二屆川渝散文家論壇。其實，有了第一次的底子，這次來不來都可，但我還是厚著臉皮來了，想重溫那些故事。徐悲鴻給寶光寺畫的《立馬圖》，是他一生中畫得最大的一幅。此行，只看到了複製品，卻也能領略到徐悲鴻的馬圖神韻。在寶光寺停停走走，因只有短短的十分鐘，只好匆匆而過，也許這樣能給下次來留下一個念想。

到新都，當然不能不去見艾蕪。艾蕪故居所剩不多，路遠，沒去成，就去艾蕪墓吧，正好位於飲馬河畔，正是在去桂湖的路上。艾蕪的小說我收集不少，各種版本都有，《南行記》就有好幾個本子，想想他一路漂泊，哪像今天的遊客這樣悠哉遊哉。他背著幾本書，幾件舊衣服，穿行於滇緬邊境，跋山涉水，風餐露宿，體會眾生百態，嚐盡人世炎涼。現在流行「北漂」，艾蕪是南行……我曾在一篇文字中說：

讀到艾蕪寫的「響著拍達拍達的棕木拖鞋，趁著細雨迷濛的秋天早上，便登上伊拉瓦底江的南下輪船」的漂泊經歷，不禁令人嚮往了，更何況「窮困的漂泊，比富裕的旅行，就更令人感到興味而且特別神往些」，漂泊在他看來「是人生最銷魂的事」。

現在，看著艾蕪的雕像，忽然這許多事都一一出現了。今天我們能記得艾蕪的人不是很多了。作家潘文偉說，一九八一年初我在《四川文學》時，經常與艾蕪擺龍門陣。艾蕪人很厚道，常年吃素，信佛，是不拿國家薪水的作家，這種現象很少見。艾蕪總的說來是寂寞的。這寂寞也許就是一種命運呢。

我輩生也晚，既體驗不了漂泊，也品嚐不了寂寞。在新都，一行人喝酒喝到耳酣酒熱，許多事都似乎當不得真的，哪還有人回味起這些舊事。且把酒問新都，誰還記得這些？

水磨古鎮

在到達汶川的水磨古鎮之時，才發現它看上去並不像許多川西小鎮那般的繁華與熱鬧，進入小鎮時，需穿過壽溪河，「一排排羌族特色樓房錯落有致，修葺一新的古街掛滿國旗和大紅的燈籠。」一位記者如此描述水磨鎮的鏡像，雖然時間過去了幾個月，依稀可見許多廊簷下掛著國旗和燈籠，它們就像裝飾品一樣裝飾著這個小鎮。

其實，說水磨鎮是古鎮，多少是有點勉強的，很多的地方顯出它的新來，在更多當地人的記憶裡，它不是這樣的狀況，有點破敗，有點世故。但現在因為災後重建的緣故，發生了翻天覆地的變化：房屋變得闊大，敞亮，幾乎沒什麼老建築了，原來的鄉居生活變得商業和現代化，現代式的廣場散落在小鎮的角落，而最著名的「水磨羌城」，是雕花的牌坊，也是水磨鎮最顯眼的建築。在那裡，集聚了羌文化的許多元素。這使得水磨鎮就如同壽溪河邊的一幅水墨畫一般，令人賞心悅目。

水磨之所以稱為小鎮，大概是因為這裡居住的人不是很多，街道也就那麼幾條，隨便三五十分鐘就可以走了個遍。

那條禪壽街是新修的街道，禪不是禪學或禪詩，而是佛山之昵稱，水磨鎮是佛山市的援建單位，壽是因為這裡是「老人街」（原名溪壽街），以前，大家都是這樣稱呼它的。進去，在街的右側有一條流水線，水流不息，綿延不絕，街的兩側散著這樣那樣的小店，有賣小吃的，有賣玩具的，居然還有一家賣老北京布鞋的。

隨意走進一家小店看看，再走出來，如此的進退自如倒也多少有點令人感懷。看見喜歡的物品，不妨進去詢價，價格自然是公允的，如果覺得貴了，可以扭頭便走，店員還沒學會城裡人的那一套——看了不買東西絕不允許走。

新鮮的是大夫第，清朝的老宅子，現在是一座二進四合院。當你推開嵌有獅首門環的近兩米寬的大門，繞過楠木製成的影壁，一個「四水倒塘」的天井便映入眼簾。圍繞著天井的，是工整的正廳和左右廂房。當陽光照進這座老宅院，那些製作精美的木柱、樑架、斗拱、吊掛，和手工雕刻的、有著蝙蝠與仙鶴圖案的木製窗花，會折射出質感幽暗的光芒，彷彿正向人訴說著一段古老醇厚的往事。喜劇的是，大夫第成了家賣豆花的餐館。老闆是台灣人，自製台式泡菜很好吃，十六元一斤，還可以打包回家。

萬年台是一座古戲臺，不過經常是看不到什麼演出。有重大喜慶活動才有演出的，但演出的基本上是川劇一類的東西，偶爾也會有歌手來這裡表演吧，不過，一年也難得遇到一回了。

當然，最可喜的是春風閣了，這樓閣融合了羌、藏、漢的建築風格，獨樹一幟。閣下就是壽溪湖，猛一聽還以為是「瘦西湖」，湖的一側是流水，另一側則是平靜的湖面，兩者有著落差，卻又融合在了一起，不由得令人稱奇。

青川記

真是有些孤陋寡聞，直到兩年前的汶川地震發生以後才知道青川的，上網查了下，印象也不是很深刻。隨後，有外地朋友要來災區捐贈物品，於是就有了青川之行。

那天是五月十七日，地震發生之後的第五天。中午十二時，我們一行人從成都出發，到達青川縣城已經是午夜了。印象中，那晚上的山路煞是嚇人，又是風又是雨的不說，更加上塵土飛揚，山路逶迤，車子排著長隊，緩慢而行。半路上又有傳言說，一處堰塞湖需要洩洪，只好等待又等待，但好在這只是傳言，車子又繼續前行。抵達以後，接著就遭遇一個四級的餘震。那晚上，幾個人只好睡在車子上，以防發生較大的餘震。

第二天，在縣城走了走，縣城看上去很小，在眾山之下，有不少房屋倒塌了。出城的車子基本上都坐滿了，對很多人來說，這是傷痛之城，原來也許過著或好或壞的生活，但此時卻一無所有，許多生活難題都得一一去面對，在這樣的情況下，更需要的是給心情放假——好好規劃一下未來才是最重要的。

原來頗為熱鬧的縣城，此時有點冷清，路上的行人稀少，很多人此時似乎還沒緩過氣來，見到的也是一臉的疲憊，一位市民說，幾天了還沒好好休息過……街上也沒有賣早餐的，我們也顧不了那麼多，匆匆吃了點東西，然後上車回來。沿路看到了不少廢墟，進的車輛少，出來的多。原本沿河一線的風景十分美麗，簡直可以用青山綠水來形容的，但此時哪兒有心情留戀這些。那以後，這樣的場景依然在記憶裡反覆浮現，有時清晰，有時模糊成一片，但都不曾消失掉。也許是因為地震，更因為在青川看見了那裡的人和物，經過地震，依然美麗。

回到成都以後，我察看了下地圖，才對青川有了更加直接的瞭解。在過去的記憶裡，說起廣元，無論如何都不會想起青川這個名字的，因為它普通到幾乎可以被忽略的地步吧。卻因為地震而認識一個城市，儘管可能是粗淺的，已經很神奇了。至少對我來說，陌生的城市帶給人更直接的觀感是生活，在巨大的廢墟面前，城市也會呈現出灰色的特質吧，但因為對地震的抗爭而呈現出來的精神讓城市也會隨之亮麗起來，到底這是最人文的一面的。

那以後，因為機緣的巧合，有好幾次坐火車從寶成線過，這才注意到，有很長一段的鐵路是在青川穿行的，鐵路線在山河間穿行，滿眼的青翠，很富有詩意：世界因你而存在／有時又距離的很遠／需要雕刻才能完成的價值／終於在某一天凸現。但因為沒有停留下來，所以才會沒任何印象的。以前，我也曾從這裡經過幾十次，都未曾留意，無論解釋是忽略，還是其他的，都很難表達對青川的情懷，那是複雜的，碎片的，只是需要一種介質才能將它們穿起來。也許正是因為這樣，此時再回望青川，無形中就多了一份印象和感慨。

桃花下的狂歡

每年三月，是外出踏春、春遊的最好時節。成都人的三月必去龍泉驛看桃花。豔麗的桃花，漫山遍野地開放，形成花的海洋，美的世界，花山，花坡，花嶺、花溝，花村、花路，花園，花島。所以，一踩三月的邊，就有人去看桃花了，回來報告桃花開的時節，哪兒的桃花開的最好之類的事情。

等到桃花初綻，成都人都急不可待了，駕起私家車或者計程車紛紛向龍泉湧去，去的人可真多呵。天不亮就出發，趕到五桂橋，就堵上了。大家就擺龍門陣，擺些家長里短的事，就這麼邊走邊擺，到龍泉已近中午了。剛好餓腸轆轆，就在路邊的農家吃飯。這時的龍泉可謂家家戶戶都把家裡屋外清掃一遍，猶如貴客來臨一般。品嚐一下當地的野菜，或者老臘肉，那環境盡是讓人舒坦，遠處近處的桃花有的剛開，有的沒開，如少女一般別有風情，胡亂看一回，就吆上幾個兄弟夥把麻將擺起。於是，桃花下，盡是劈裡啪啦的麻將聲，臨到天黑才收起攤攤，約定改天到龍泉再戰。

就這麼著，有事的人，沒事的人就得空往龍泉跑，有的人一個三月都可以跑十幾二十幾趟。當然，這不是因為他貪玩，而是他覺得龍泉的桃花什麼時候來都有一種風韻在的，且各有不同。這樣看來，成都人去龍泉驛看桃花簡直是一種根植於生命中的情結了。

等到桃花次第開放，這裡已是花如錦，人如織，堵車也是愈發厲害了，但這仍擋不住成都人的遊興，漫山遍野的桃花如湖似海。加上梨花、蘋果花、櫻桃花等各色時令果花，使整個龍泉姹紫嫣紅，春意盎然。好像是春之仙子，俏皮地撩起粉紅的面紗，正被春風吹落在這片大好的山林之間。山上山下，路邊田頭，房前屋後，全被熱情奔放的桃花染得一片璀璨。彷彿偏愛粉紅的水彩畫家揮灑出來的巨幅圖畫。

此時的遊人說是踏青也罷，說是娛樂也罷。品一下農家野菜，打打麻將，喝喝茶，享受這三月的溫柔，最是舒暢快意的了。只聽得遠處近處都是搓麻將的聲音，「吃」，「碰」，「和」的話語說個沒完，這邊喊一聲「自摸」，那邊又有人叫「攏七對」，如此這般，煞是熱鬧非凡。在桃花的映襯下，這樣的情景別有一種動情的美。那情那景，用十里麻將聲來形容也是毫不為過的。我更願意將它形容為桃花下的狂歡。而在其他城市，還沒有見過如此瘋狂的場面。

整個三月，成都人都在為桃花陶醉。從來，沒有一個城市如此表達對桃花的熱愛。所以，桃花謝後，人們便等待著品嚐豐盈香甜的白花桃、水蜜桃。而後，就又期待著來年的三月，畢竟是「年年歲歲花相似，歲歲年年花不同」，如果哪一年沒有去龍泉驛看桃花，真是可以遺憾一輩子的事情。如此年復一年，在桃花下的狂歡繼續著成都人的詩意而溫潤的生活。

桃花詩村

在都市鄉村化，鄉村都市化的進程當中，許多古老的建築群消失了，如果說時下是建築大躍進的時代的話，幸好還有這一片地方保留川西壩子的風貌。我曾想，我們幹嘛在成都去尋找老建築呢？去到遠一點的鄉村吧，說不定會有意外的驚喜。

海子說，面朝大海，春暖花開。在成都的東邊，不需要面朝大海，一樣能欣賞到春暖花開。那是傳說中的桃花詩村。當年，晉希天先生在這裡種植桃林，不想今日，我能坐在桃花樹下喝著農家茶，看滿山遍野的桃花。這對不少成都人來說，實在是難得的春天享受。

多年以前，我第一次到山泉鎮賞桃花就是在現在的桃花詩村。如今這裡跟往昔不一樣，賞花喝茶成了春天休閒的趣味，倒也可以在村頭看看詩碑上的詩句。漫步其中，可真有走入唐詩宋詞之間的意味，忽地有一句「桃花才骨朵，人心已亂開」

映入眼簾，直令人叫絕。這還不算，走在路上，山兩邊的桃花一簇簇地湧來，香氣也跟著迎面而來。這樣的情景總讓人想起〈桃花源記〉。

桃花詩村，不僅以詩名，更為了得的是這兒的建築是屬於川西壩子的，怎麼看都是舒服的。住下來，就更能體味到民居的某種詩意。住在村子裡，日出日暮，看著來往的行人，打著招呼，是在繁華都市帶來的那一身疲憊此時也跟著舒緩下來，夠好。若說這是旅行的一個景點，倒不如說是桃花博物館。如果去的湊巧，也許會遇上詩人、村長凸凹。他的大鬍子漂亮至極，如荷鋤歸來，倒似從某個歷史典故中走出來一般，難怪不少詩人到成都，有兩個地方是非去不可的：一是翟永明的白夜，一是凸凹的詩村。

每次到桃花詩村去，都會有一番感慨。大抵是緣於景色的不同：春天賞花，夏天品桃，那麼是在冬天也可看看冬天的桃林，可能會枯燥一些，但給我的感覺，那也是一種難得的詩意：平和寧靜，諸如此類的形容詞都是那麼貼切。去桃花詩村的交通似乎麻煩一些，要轉好幾趟車，但要是能看到不一樣的風景，也是值得的。

朋友前幾天在電話中說，哥們，有時間到村裡玩。到桃花詩村就是去玩的，按城市的話語來說，那就是去體驗千年的成都文明，在那建築間尋找歷史散落的方言。

龍泉枇杷行

成都著名詩人凸凹前幾天在電話中說，五月二日到龍泉來，有新書發佈會和一個詩歌論壇。我愛湊熱鬧，就欣然前往。在此之前，和凸凹先生見過一面，喝酒甚歡。於是，二日就去了。

會是在沫若藝術院搞的，因為前一天和幾個老友喝茶，順便吃飯，老楊帶一美女出場，一下就給我們搞得分不清東西南北了，直到第二天還不大舒服。好多朋友都來了，比如聶作平，原來我以為他只整小說、隨筆，不料他也搞詩，出過詩集，這不由得令人感歎，真是看不出來啊。王國平，我一直以為他寫散打，方言什麼的，不料也編輯詩刊《玉壘詩刊》。如盧澤明、席永君、焦虎三、南北、李拜天等成都詩人大腕都來了。

什麼是第三條道路

先是詩歌刊物《第三條道路》新書發佈會。會開得很熱烈，至於第三條道路是怎麼樣的道路我是不大清楚的，雖然我看過一些詩，知道非非主義、莽漢主義、他們、今天、下半身等等，到底是圈外的人。就聽他們講吧。算是一種學習吧。這中間問了一位詩人，他說，就是介於第二條道路和第四條道路之間的那條吧。這是玩笑話，後來，又有位詩歌評論家說，現在的下半身是一種垃圾寫作，但正在成為一種趨勢。這有點好玩。於是又說到流派什麼的，我聽了半天才明白，所謂流派就是流動的派別。一位專家這樣說。

我想，我大概只能算作詩歌發燒友了吧，甚至連這個資格沒有。看見詩人們紛紛發言，覺得這比寫詩還有意思。這是我第一次參加詩歌活動，自然很注意大家的發言。到底是隔了一層，只能旁聽的份。

後來，看到譙達摩寫的文章才知道，第三條道路是介於知識份子寫作和民間立場中間的道路。據說，這幾年，好多詩人走上了這條道路。比如周倫佑的文章就收在這本書裡。有文章更是稱這是中國詩歌界的第三次革命（第一次梁啟超、黃遵憲，第二次胡適、魯迅），似乎有誇大的成分的嫌疑了。而第三條道路又簡稱為三道，真是有點迷糊了，不知道的還以為是江湖上的什麼事情呢。

和聶作平喝酒

早就知道聶作平的酒量很是了得，一直沒有好好領教，據說冉雲飛、蔣藍諸都不是對手。上一次《酒世界》雜誌在成都搞個酒會，沒怎麼跟他喝，更為搞笑的是我沒有把他認出來。也難怪，以前見過的聶作平總是戴個墨鏡，加上胖子身材，你要不注意都不行。但上次沒有認出來，大概是他剛理過髮，又沒戴墨鏡的緣故吧。

這一次見面非好好喝喝不可。我想大概我們都有這個意思。坐在一桌的差不多都認識，有的更是數次在酒桌上相逢，並交戰。喝酒就免了不少客套，自然表現得都十分生猛，喝一下就是乾杯，沒說半杯的。喝完一瓶白酒之後，立馬要一件啤酒。如此這般，每人都打通關，一下就十多杯酒下肚了。因為和聶作平坐得近，自然得空兩人就乾一杯，我不得不承認，他喝酒的厲害程度比我高。

下午吃飯時，又和聶作平坐在一起喝酒，有枇杷酒，喝了四五瓶，然後又是啤酒。那個痛快只有酒逢知己的痛快才可以形容的吧。

枇杷谷晚會

下午，車子將大家拉到柏合鎮的枇杷谷去，繼續討論第三條道路。柏合鎮最高行政長官周進昔年也是詩人，這是我沒有想到的。

自然，大家紛紛參觀了枇杷谷的風貌，吸引大家的眼光的不只是那一棵棵綴滿果實的枇杷樹，而是這秀麗風景，讓人忍不住想，要在這兒居住是多麼美好的事情啊的想法。

晚飯就在枇杷谷進行的。然後就是詩樂舞篝火晚會。於是一出現代版《枇杷行》上演了，瘋狂的舞蹈，詩意的夜晚，讓詩歌把這個小鎮裝點的氣象非凡，沒人不承認，這是最有趣味的晚會了。白天為理論爭執的傢伙們現在又團結在詩歌的名義下了。

龍泉詩人不少。而且女詩人很有一些。比如果果、李雲等等，難怪凸凹他們想法眾多，一會是桃花詩會，一會是枇杷行。在節目中，我極力勸說詩人南北上去朗誦詩歌，剛好，女詩人果果就坐在旁邊，她給我們送了詩集。於是就朗誦一首名為〈我願〉的詩，並臨時把詩的名字改為〈獻給女詩人果果〉。呵呵，於是，氣氛一下子就來了。

存在詩人陶春

有次，我到成都晚報去玩，蔣藍給我介紹一個詩人，名頭很響，存在詩人陶春啊。我說，久仰久仰。他立馬說，幸會幸會。這次，又見面了。立馬找個地方喝酒去，吃飯的時候喝過幾杯，很不過癮似的。於是，晚上又相約喝酒了。

我以前在網上玩的時候，去過存在論壇，看過他們寫的詩，很喜歡，也不過是喜歡罷了，寫是寫不出來的。自然發言也不大敢發言，畢竟班門弄斧的勇氣是欠缺的。

回到沫若藝術院，就喊服務員搬啤酒上來。怎麼說，都要好好喝吧。於是，一下子湧來不少詩人。結果我只想和陶春喝酒，別的都不怎麼喝了。有個胖子說是德陽的，也沒人告訴是哪個。喝酒喝到最後，才發現他是終點斑竹、著名詩人劉澤球，呵呵，想再跟他喝一杯，大家似乎覺得我醉了，就硬給我拉回自己房間去。

陶春不僅能詩，而且寫的字很不壞。這兩天，幾乎看見他到處留字，不曉得他到處留情不，這個問題沒有問他。

後來，大家見了都說大師。忽然之間，我們這個時代好似大師時代了。我就說，這位是陶大師，後來大家討論詩歌的問題，我莊嚴地說，陶大師的理論照耀著中國的詩歌界！立時，這被他否認了。很顯然，大師是不習慣也不喜歡別人稱呼他大師的。

在這次會議上，陶春有個詩妹是安徽宣城人，因我也是安徽人。這傢伙就頻頻給我介紹，也不曉得有多少次了。反正站在一起的時候他就說，這位是你老鄉，你們要喝酒。搞得像我患有健忘症相當嚴重似的。

後來，我對陶春說，存在就意味著一切，那麼下次你再到成都來，先在成都喝花酒（花樣酒，多種混合），到龍泉來走桃花運。他說好啊好啊，有酒就是好同志。看來，這下次一定非要一醉方休不可了。

桃花詩村

到龍泉來賞桃花是每年成都人的必然節目。桃花還沒開時，就絡繹不絕了。我曾在一篇文章中稱這為桃花下的狂歡。確實是狂歡啊。前幾年，成都有了公交詩，產了一批公交詩人。在去年又建了一座詩歌橋，產生了一批橋詩人。現在，在著名詩人凸凹的策劃下，搞起了桃花詩村。這兒又出現了一批桃花詩人。不必一一描述現場的美感，走進這裡，就像走進了桃花源一般，美妙的讓人來了不想走。

三日上午，雨過天晴的龍泉清麗無比，宛如東坡先生筆下的風景了。走進桃花詩村，成為一件很風雅的事情。

枇杷溝記

來到龍泉，除了看桃花之外，就是來美滿村吃枇杷了。作為枇杷行的第二站就是來枇杷溝。這裡的枇杷全是五星枇杷。不過令人感到煞風景的事是請到一個自稱古琴大師的人來彈古琴，他老婆是他的學生，據自稱，在七十八歲的時候搞出一個兒子。一時引起大家的哄笑。在去年，我去聽過他的一次講座，可沒聽三分鐘就走了。在那次講座上，他帶了一群女學生表演。

去年，我一個在廣州做養老院的朋友說，年紀大搞也沒問題，在臨死前半個小時還有能力，他們那曾經發生老頭老太太搞出問題的事。再說大師吧。無疑，現在是大師時代了，誰都可以稱為大師了。不特如此，只要有點專長的都稱為專家了嘛。

說到底，到這來這還是蠻好玩的事，我覺得現在做事差不多都要以娛樂為目的，這個做到了就ＯＫ。別的都是扯淡。

貴州人譙達摩

我認識的貴州人不多，印象中，連譙達摩只有兩個。前一個是位著名的專欄作家王不了，跟我們經常在一起玩、喝酒、聊天。平時很空閒，一到週末就會忙起來，是要陪老婆，老婆現在跟他平時忙於建設社會主義文化事業，努力實現「三個代表」，切實搞「四個尊重」（五四這天的新口號，有發展成為重要思想的特徵）。這個，我們都很理解。所以聚會的事儘量避免在週末。而大家在一起必然要喝酒，這時他表現得不夠勇敢，經常搞得我們很狼狽，非要說幾句狠話不可。不過，過了也沒見哪個記仇還是好友，經常在一起吃吃喝喝。還是是合格的一位好同志。

譙達摩也是貴州人。之前看過他的詩，那時還不知道他在搞「三道」。在吃飯的時候，我們喝了啤酒。今天一見，穿件白襯衫，嘴巴上圍著好看的鬍子，果然有詩人氣質，這是少見的。想必在北平文化圈裡這樣的人不多見。我們聊天不多，他帶來的樣書不多，我不知怎麼還是搞了一本，在凌晨五點過的時候把他從被窩裡拖出來，搞個簽名。

村長凸凹

在這次活動中，不得不說的，應該放到最重要位置的恐怕應該是桃花詩村村長凸凹了。

說起來，我跟凸凹只見過一面，去年北平的祝勇到成都時，大家一起吃過一次飯，喝了一頓酒，聊了幾句天。凸凹是看上去蠻舒服的一個人，即便是男人也有跟他聊天的衝動。但是，凸凹喝酒不怎麼喝，儘管他能喝許多。上次就是這樣，因為他還要開車趕回龍泉，喝酒也沒怎麼喝。

這次作為會議主辦方，凸凹也沒怎麼喝酒，好歹總是逮著幾回，勉強喝了幾杯啤酒。最後，我對他說，下次你到成都來，不用開車了，大家好好喝一台酒。他很爽快地答應了下來。

凸凹把他的詩集《鏡》和《桃花的隱約部分》送給了我，可我忘了請他給我簽名。不過，這樣也好，又找到了喝酒的機會了嘛。

北緯30°，平落

一種注目

二〇〇六年，兩次去了平落古鎮。如果願意，我覺得平樂不過平落有詩意。史前蜀王開明氏時期，這塊四面環山的平坦綠色小盆地即因修水利、興農桑而起聚落。這名字夠好，也夠酷的。

第一次來，在榕樹下喝茶，在江上晚餐。雖然是夏天，也是極美的事。第二次是參加詩會。

詩會是在冬天舉行的。這樣的天氣容易冷，但因為有詩，足夠溫暖。來的詩人真不少，新朋老友都到了。我很高興，正打算找他們聊聊呢？這樣倒好，免得跑路去找他們了。我覺得見詩人是很爽的事情，不用擔心唧唧歪歪的，不計較不心計，但聽到蔣藍與陳小繁繞過重重重圍，勝利地在平落會師的消息，還是鬱悶了一下，不過，有酒有詩就很快都稀釋了。

平落的生活是安靜的，走在街道上，也有一種安靜，它的安靜是屬於詩歌的。詩人們的聚集讓古鎮在歲月中又增添了某種說不出的魅力。

看不盡的風景

上次來，沒怎麼看。拍了不少照片，比如水車，比如老鐘錶店，都有些舊時月色的味道。董橋來一定寫平落的話，沉浸在舊時光中，更有些味道的吧。

這次看了不少地方，比如蘆溝，比如秦漢古道，都好。在走上古道時，我在想南絲綢之路，是不是下次幾個人這樣重走一下，一直走到雅安去。在花椒山，看千年茶樹、品茶，在總結會上，大家說了不少話，我也想說，可我覺得那是廢話，沒必要說，在茶香中，體味平落的妙更好一點，我想，我說的那些話，一定會破壞這份詩意的。

這樣的地方是適合慢慢沉下來觀察的，比如住在河邊的客棧，一早看見一位老人坐在河邊喝茶，抽煙，雲煙繚繞，旁邊是靜靜的河水，不染塵埃的樣子，你不由得激動起來。第二天，你一早起來，跑到河邊，坐下來，仿照老人的樣子，卻有缺失了點什麼。

有的風景是一下子就望到盡頭的，有的則需要一輩子打量。

酒中的詩意

詩酒生活是屬於詩人的。在平落，喝酒是很不錯的主意，不過，很容易醉。上次，我跟老楊他們來，一兩瓶啤酒有醉意，這次見那麼多朋友在，醉一下也是無妨的。所以在榕樹下喝酒，大家談得很愉快。小安說，我不跟你喝酒，我也說我拒絕跟你喝酒，然後因為一個什麼話題，說到一塊兒了，喝，卻是一發不可收拾。就這樣，醉了，痛快。

那天晚上，大家一個勁地喝酒，後來發生了什麼事。我不記得了。我想我應該不在現場的。但第二天大家紛紛問我有事沒事，顯然是我喝多了，這次簡直是糗大了。此前，我一直跟陶春說，慢慢喝，別醉了。

陳薇事後說，一直以為曉劍是出家又還俗的花和尚，那憨態可掬的笑容下竟隱藏劍的鋒利，動作麻利得只能叫「快刀手」。我想我當時也是一種可笑的狀況了。是不是也可算作酒中的詩意。

眾說

我拍照片時，凸凹說，你上次拍的照片我用了好幾次，我提醒他說，下次在發照片，一定署名朱曉劍，然後書童在一旁笑，你成攝影家了啊。

我可沒有。我的水準頂多是業餘的。所以，我拍下古榕樹、古橋，只是我喜歡那種方式就怎麼拍去了。

楊然給我介紹景點介紹平落的歷史，然後說出了外出旅遊，我說有次我跟南北說來平落，不打擾你，就是來看看風景，舒服。結果他說，我就喜歡這種狀態。這不出乎我的意料。

龐清明說，你有時間寫一寫第三條道路的詩人們。我說，第三條道路的詩人很不錯，有空就寫一下。

印子君說，蘭花行業遭遇冷戰，我說我早在六七月份就發文章說，投資蘭花當慎重了。

我對牛放說，你是牛我是朱，於是就乾了杯酒。

劉澤球第一次見，沒認出來，第二次見就先喝了，這次沒例外。怕以後會成慣例了。

何小竹是早就見過的，喝酒還是第一次，自然是頻頻喝酒。話也一定說了不少。文佳君說，我們一定好好喝一下。這是第二天午飯時的事，我已來不起了。下次一定好好表現一下。

噻——嘣

兩天時間，似乎短了些，但有意思的事不少。最有意思的是，陶春跟樹才學了句法語「噻——嘣」！意思是「整得好」。

在接下來的活動中「噻——嘣」就成了流行語。我上次在〈群藝館的「詩俠客」〉中，把幾個人求「整得好」而不得的故事，看來，以後的故事更精彩了。書童對陶春說，這一句，你得寫到詩裡去，成了法語和漢語的結合，我不知道是不是完美，至少會讓我在蹉跎多年之後還可以回憶。

最後，大家一起說，平落，噻——嘣！

再會平落

北緯30°。平落。

一個很有詩意的地方，如同它的名字般絢爛。有很多地方還沒走到，坐在河邊的榕樹下喝茶是一種詩意，而坐在河灘的草地上曬太陽，也是很難得的享受了。要麼就走進街巷，看見一座老房子，門口有一位老人戴著眼鏡，讀書或看報，在街上，有一擔著擔子的剃頭匠，那吆喝聲是令人沉醉的，有人招呼一下，他就停下來的。這樣的街景是市井的，是平民的，能帶給人愉悅的。

古鎮，在我看來就是由這樣簡單而豐富的內容組成，如果現代化一點，看上去很漂亮，到底離古遠了一點。好在走在平落的街上，還有那種溫潤的味道在。

有空的話，就來看看看吧。坐上回成都的車子，我這樣對自己說。

先牙的桃花

春天是踏青的季節，還沒等桃花盛開，峨眉山的朋友就邀約著去峨眉山看桃花了。這讓我想起兩年前的峨眉山月文學網組織了一次桃花徵文，我也過去看了。那是先牙村舉辦的第一次桃花節，說實話，那裡的桃花沒有龍泉驛的枝繁葉茂，大片大片的桃花更是少見，卻多了一重野趣。

仙牙村位於峨眉山市普興鄉，海拔八百多米，現有一百五十三戶人家，崖上有四米見方的山洞，一顆六十公分長的獸牙，眾皆以為仙牙，該村也就因此得名。五百年前，該村為原始森林，明末清初，湖廣遷居移民至此，以劉姓為眾。村民時以造紙為業，今尚存兩百多年的撈紙槽，石杵，及清朝名士李調元題對聯的司文閣。在仙牙村的一個吊腳樓旁，一塊長形石碑上記載了仙牙村的歷史和沿革。

因為這先牙村的桃花是原生態，沒被開發的地方。走在路上，果然是。山路是剛修不久的，原來路面極為狹窄，現在為了開發的緣故吧，在修補。因為上山依然有來往的車輛，時不時要堵那麼一下。所以，到了山上，已經是近十二點了。就先在一個叫做「彝漢聯姻」的農家樂裡吃飯。菜不是很多，臘肉與香腸是必須的，然後是一碗豆花，一碟蘿蔔，再上來兩樣野菜。這樣的飯菜倒也別緻。

下午的活動，先是舉行了桃花徵文的頒獎，隨後一行人跑到桃花山去，拍照片，賞花，不亦樂乎。這時來自沙灣的民間藝術家季洪寬老先生在桃花下表演起了金錢板。這樣的場景才會令人想起藝術的妙處應該是天然，而少雕飾的。

後來，我在一篇博客中寫道，金錢板的藝術流傳現在似乎中斷了，年輕人不懂得了，也不屑了。即便在聽，我估計也是多數人不瞭解是怎麼回事。這些民間藝術，在小說中常有描寫，現在能看到，也是機會難得。但是，我注意到當地的一些人卻不重視這門藝術。那天的晚點時候，大家看了桃花，到了峨眉山市區吃晚飯，沙灣政協的一位領導又讓季老師唱起了金錢板。我當即說，要不得，人家是藝術家，哪怕你是領導也不能這麼隨意吆喝人啊。結果鬧得有些不快的。

打那以後，每次去峨眉都會遇上季老師，而且像他這樣的年紀，每年還有新段子出來，實在是了不起。可當地的雖然有民間藝術家協會，我瞭解了一下，他們對季老師這樣的人物居然沒有什麼政策支持。現在談藝術似乎每個人都十分懂得，但我知道，很多人只是圖一個熱鬧，所以季洪寬就難免像街頭藝人一樣到處賣唱了。

到內江看張大千

對於旅行，我的經驗似乎總有點不大靠譜似的，基本上非主流：年紀越大，對旅行越來越苛求，人多的地方懶得去擠；不倫不類的景區看也不想去看，生怕浪費了時間。但有意思的地方，比如名人故居、紀念館什麼的地方，總樂意走一遭，即便看到的景物早已是面目全非，但亦有蛛絲馬跡可尋的。那得看有心沒有心去發現了。

前段時間，內江詩人陶春在電話中說，你趕緊過來耍一下，看看內江的風物，最特別的是這兩天有內江的油畫展，其中有青年教師張毅的畫作，儘管內江距離成都不是很遙遠，但似乎還沒理由去專門跑一趟，吃吃喝喝一回，這總是顯得太奢侈了些。好在想去一個地方總有說不盡的理由。聽了陶春的話，趕緊跑到汽車站去買張車票直接奔了過去。

剛好，畫展是十點開幕，我在開幕之前趕到了，對藝術向來不大懂的，既然有的看，就不怕看不懂，且假眉假眼地看一回，聽聽大家的議論，也多少瞭解了些。好在沒有當場發表啥看法，要真是那樣，可真不知道該說什麼才好了。吃過午飯，幾個人跑到東興畫院，看一個國畫展。場地很大，畫作很少，很開闊的。那麼，最可去的當然是「當代第一大畫家」張大千了，張大千一八九九年出生在內江的象鼻嘴堰塘灣，在這裡度過了幸福的童年，但他的故居早已不存，那就去紀念館看看吧，聊勝於無。

紀念館在城北沱江東岩園頂山上，說是山卻不見有多高，紀念館看上去普普通通的，立體建築有大風堂、畫苑，還有廊、亭、榭、水池、假山等附屬設施，採用三合院、四合院、幾重幾進院落式佈局，獨具民族民居風格。似乎頗有些荒涼，來看的人僅有我們幾個人，中廳塑有大千先生銅像，左右兩側畫苑陳列著些許作品，無疑是複製品了。邊走邊看，實在的話說，多少有點失望的，不是藏品不夠豐富，而是這裡似被遺忘的角落，除了在張大千的簡歷上寫著內江人，有一些親戚還在內江外，幾乎找不到更多的痕跡。

記得在《萬象》雜誌上曾連載有張大千致張麗誠信札，對他的書畫多有記載，而張大千的資料很有不少，但從他們收藏的看，不過九牛一毛耳。所謂紀念館不過是給我等過客看了留下一個念想罷了。其實你想看豐富一點的內容，純屬奢侈了，即便連宣傳的小冊子也不曾見到，圖書似乎有一兩冊，但可看的不多。如此在紀念館裡轉悠了半天，隨手拍了一些照片，在出門的時候，有工作人員要驗看，似乎怕不好的內容流傳出去，只得刪除了好些張，才出得門來。想起這樣的場景，有點落寞，怪不得身居海外的張大千雖然懷念故土，卻不樂意歸來，因為大家只看中他口袋裡的銀子，而對他更缺少親情與關懷。想來，他也是不得已的罷。像這樣的紀念館也許應該向公眾開放才好，成為大眾書畫審美的場所，但這也只能想像一下了，這是不是張大千希望的那樣，就不得而知了。

這讓我想起位於台北市的張大千紀念館儘管面積不到內江的十分之一，卻以保留故居、重現張大千先生的生活起居環境為主，並且展示照片及各種奇石盆栽等，建築是張大千所設計的，極富人情味，也許這才更符合張大千的精神了。

進入德陽的方式

雖然每年坐火車進進出出都要好幾回，卻從來沒有去過德陽。不是對這個城市無多大興趣，而是跟一個城市的相遇就如同豔遇那般需要一份機緣的。不過，有時間有機緣的話，一定會走一走，不僅因為山水，而是在那裡有著詩人的群居（比如劉澤球、陳修元）。我一直覺得有詩人的城市是詩意的，哪怕是再糟糕的地方，也都能令人想起點什麼令人幸福的事。

住在德陽的朋友時常說，有時候來喝酒。要得。總是這樣的回答，次數多了也就不那麼的當一回事。其實，在成都人的日常話語體系裡，這樣的話，不過是應酬罷了，當不得真。但在某些地方卻是一種真誠的邀約了，比如去德陽就是這樣。好在總有大把的時間去消費，德陽，距離成都最近的城市，無論如何都得一去的吧，再者說，不去的話，也許一些風景已經消失掉了，比如一些老建築在城市化進程中，很容易丟掉，而那些傳統工藝不正在消失嗎？即便是開了多年的飲食店也是有可能是關門的。如果沒及時到的話，大概很容易錯失許多有意味的東西。

當然，進入一個城市的方式最好是隨意的，走馬觀花也好，仔細流覽也罷，多少都不必刻意去安排，比如吃飯可以選街邊的小館子，看著人多即可，小吃未必跑到名店去，而是在街頭尋覓。而走在街道上，可以觀風景，亦可以查人情，城市的細節總有些景觀可看，它們不屬於街心花園，也不屬於廣場，即便是人行道也可以見到些許細節可賞玩，就好。那麼，在德陽，或許最多是工業，以及工人。曾有家在德陽的同事說，去體驗工廠生活也好，但終於沒有成行。

這樣說來，還是沒有找到進入德陽的一種方式。沒有恰當的方式突然進入實在是一種冒險，留存在記憶裡的那些印象或影像很容易被丟棄，「原來它並不是想像的樣子」。好在，這總是有路徑可以選擇。當我在德陽的街頭流覽時，引人注意的不是很堵的交通，哪怕是逼仄的小巷亦可以順暢地通行，小店的招牌有不少有味道的地方，可惜行色匆匆，沒有記下來。也許這正好給下次的出行找了個恰當的理由。

朋友帶著去喝茶，跑到東湖山上，坐在榕樹下，幾個人閒談，周邊有人鬥地主，或賣什麼玩具，別有一番風景了。如果是在茶樓裡恐怕是另外一種風格，很容易失掉喝茶的趣味，喝茶在我，不過是自然一些的好。去看名勝景點大概是旅行者少不得的節目，不過，在很難看到傳統的狀況下，還是不去的好，所以沒去看孔廟，也沒去尋覓三國的舊跡。而是以現代的心情去在歷史中尋找，或許更容易一些進入到「歷史現場」。

對德陽的匆匆一瞥固然能看出些許美妙，更多的細節則需要在日常生活中不斷去發現。忽然想到台灣生活美學家蔣勳所說的生活美學來，「留白是一種藝術，在畫中留白是門深不可測的學問，為了從看畫的人得到一種尊敬。在生活中留白，讓人不至於失去知覺感覺。」要做到這一點，得是「人要能自在、獨處，不是依靠外在環境，而在於心靈的感知是否敏銳」了。

卷二　雲下

飲食的江湖

旅行，對不同的人來說，可能目的相差很遠，自然風光、人文風景、訪書會友，不一而足。但最開心的是，不僅看到絕佳的風景，更有美味可以享受，那才算是一等的旅行。傍晚時分，身在店家，來一杯小酒，獨酌，或一夥人豪飲都是開心的吧。第一次去普洱市，連著兩三天都是喝普洱茶、吃飯，倒是乏味的很，儘管是風景看了不少。最末的一晚，終於，有酒了。在酒店的廂房，也是放酒的地方，隨便喝，那自然是喝到爽，興盡而歸了。

喝酒固然十分有味，但如果少了美食在，那一定是大打折扣的。有次去西雙版納，朋友帶著去吃傣家菜，辛辣之餘，倒有酒陪襯，也就不知凡己。中途，又有人唱起了敬酒歌，自然乾了她一杯，那天的菜，印象似乎模糊了許多，也許是酒喝的太多了。等到有機會在昆明吃傣家菜，才彷彿找到了吃飯的感覺。

成都，距昆明不是很遙遠，但要是朋友聚在一起，也是一年半載才有那麼一次。每次都是那麼匆匆走過一般，美食倒也記住一些，更多的是充滿酒精的空氣。某次，作家詹本林抵達成都，晚上在小館子吃蹺腳牛肉，來的是泡酒，二兩二兩的喝，也不知喝了多少。後來，就出來散步。這似乎還不盡興，在我家的樓下，坐在燒烤攤前，又喝上了。最後，嗯，好歹是上樓洗洗睡了。

去昆明，當然是少不得見見朋友，周重林、鄭子語是開初是網友，喝過那麼一次酒，突然就升格為朋友了。去年，我逮了個機會，跑到昆明去，不看山不看水，只想著他們在，那酒就安放在飯館的某一個角落，似乎在等待著慢慢的開啟。那幾個晚上，似乎一直在喝酒，聊天，有新的朋友加入進來，又有人離開。這樣的場景總令人生出幾許的感慨來，有那麼一陣想著去西南聯大的舊址看看，也沒去成——實在是飲食的誘惑大於對歷史的偏好，也正好給下次的旅行找一個充足的理由：把上次的遺憾補過來。

對昆明的菜，印象深刻的在得意居。有一種滇味三鮮時疏，幾近川菜中的泡菜，味道更為多樣化，卻不是泡菜一個味可以比擬的。且說有一個滇味三蒸，原是著名將軍龍雲喜歡吃的滇味美食。這道複合型菜肴由三菜組合：左為原生態的玉溪江川百年民間吃法的蘿蔔絲（鮓）肉；右為老昆明風味的粉蒸排骨和粉蒸洋芋；中為雲南原生態的特色蒸南瓜，健康美味。還有一種雞，名叫蘸水得意雞，雞是如何的得意法，不得而知。而酒店的菜幾近大路貨，鮮有能令人眼前一亮的菜，即便是小館子，也是難以吃到地道的菜了。

好在有朋友熱情的酒在，也基本上不虛此行了。這讓我想起了上個世紀的詩歌中的莽漢主義，在一九八〇年代常常乘車趕船、長途跋涉互相串門，如同趕集或走親戚一般，走遍了大江南北，結識了無數朋友，在朗誦和吃喝中尋找詩歌。這樣的風景今天只能想往了。不過，好在現在由於交通的方便，飲食的江湖猶如流動的狂歡節，隨著時間的轉變而不停的轉換，在美食與酒之間，好朋友才忘乎所以，且把酒飲了這一杯。

坐火車去昆明

印象中的昆明，是汪曾祺所說的：畫了一幅：右上角畫了一片倒掛著的濃綠的仙人掌，末端開出一朵金黃色的花；左下畫了幾朵青頭菌和牛肝菌。題了這樣幾行字：「昆明人家常於門頭掛仙人掌一片以辟邪，仙人掌懸空倒掛，尚能存活開花。於此可見仙人掌生命之頑強，亦可見昆明雨季空氣之濕潤。雨季則有青頭菌、牛肝菌，味極鮮腴。」這樣的景致是一種享受了，想想一下，跑到昆明去，如果詩意一回，倒也相當於浮一大白的痛快了。

然而，要去昆明也不是能說去就去得了的，畢竟突然的造訪，恰似突如其來的訪客，讓人有點莫名其妙不說，連帶著似乎是禮儀也不大懂得的。好在，現在出行的方便，飛機、火車、汽車都可以隨意選擇，但我還是不大想輕易去看看，要知道，這城市的第一印象，猶如男女的初次相遇，如果不能一見鍾情，那也得有著好的印象才成，至少在以後不會雙方產生不適感。

如此一想，那意思便有了些許明細。終於有了一次機緣，到底是選擇哪種交通工具，還是猶豫，到底是相見又不要快速相見，有點欲語還休的味道，還是選擇火車吧。慢悠悠的晃過去，下午出發，剛好第二天一早抵達，這又有點打望剛從睡夢中甦醒的女子，有點慵懶，不著修飾，這樣的生態似乎才能反映出它的本來樣貌來，如果是中午到的話，固然可以看到街道的繁華，行人匆匆的步履，但那算是城市的風景嘛。跟印象中多少有一些距離了。不過，話又說回來，這城市也不是一兩樣東西就能代表了的，又或者說，不同的時間段，不同的地點看到的風景都是屬於它的一面，只看了一面的話，恐怕會以偏概全。

穿過火車站的出站口，照例圍了一圈人，大抵是跟其他火車站的風景沒多大的差異。先買一份地圖，然後打車，進城。在路上多次想想昆明的模樣，還不是很確定這就是昆明，它早已不是從前的舊時月色，唯有大廈，空曠的街道，連行人都不是很多——大約是早晨的緣故吧。想起汪曾祺的話，「沒有翠湖，昆明就不成其為昆明了。」也許該去看看。其實，到任何一個城市，無非是看看風景，找找故人，喝喝茶，聊聊天而已。如果庸俗地跑到景區拍一大堆照片回來，倒真是有點煞風景呢。

可惜的是，連著去兩次，都沒能去翠湖，這說是遺憾，還不如說是給下次的出行找了個絕佳的理由。曾看過好幾位昆明人寫的翠湖，都不由得心動呢，在那裡喝茶，似乎真的是像和菜頭說的那般：等日光變得溫柔，等笑鬧聲逐漸消歇，等翠湖的綠色從湖心島蔓延模糊，等茶水變得毫無顏色。樹叢掩映中的雲大鐘樓突然敲響，驚起的鴿子在樓群上集結歸巢，這一瞬間，誰都會立即確信這裡就是昆明。

坐上火車去昆明，那不再是一趟純粹的旅行，而是有著複雜而又期待的心情，慢慢地走近，細看，辨識它的模樣，在那細微的生活中，或許能發現點什麼與眾不同。這讓我想起一個人在街上溜達，或坐在街沿上打望，不必是一重風景，因為在內心深處，早已把昆明當成了一種風景了，那是隱秘的，也是歡娛的，恰如詩人谷立立所說的那樣：有時候，我們的驚豔，不是來自於一剎那，而是在日常生活的樸素當中。

只為那傣家菜

現代禪詩研究會發起人南北像遊俠一樣大江南北地行走，真羨慕他這樣的神仙狀態。去年的時候他移居昆明。昆明距離成都在地圖上不是很遠，坐火車不過十多個小時就可以到。但要說大家有時間聚一下，也非易事，畢竟每個人都東忙西忙的。

不過，有機會總要聚會的。五月裡，去昆明是相宜的。剛好有一個NGO組織在昆明搞一個活動，就跑過去參加了。這是其一，另外就是去見見老朋友了。見老朋友也無非是聊聊天、喝喝茶之類的活動。當然，南北不能不見，在成都的時候，幾個傢伙就常在一塊玩兒的。活動結束後剛好還有半天時間閒著，就去找他玩兒。茶也喝了，天也聊了，剩下的就是吃飯。於是，就在他社區旁邊的一家傣家菜吃飯。飯菜都簡單，他非要來一個葷菜不可，我不同意，也就跟著吃素。我還笑著說，吃素跟胖子的關係並不密切的。

點了好幾個菜，如折耳根拌木耳，折耳根斬成一段一段的，出奇的短。乾煸苦瓜，像極了川菜的做法。有的菜，特意放了小米椒，辣味十足。這才有點像傣家菜，至少跟我印象中的是符合的。

兩年前，我去西雙版納做採訪，昌泰茶業的老陳請飯，吃的就是地道道的傣家菜。傳言說到版納不吃傣家菜就是沒去版納，猶如不到長城非好漢也。且說那一天的傍晚，汽車在鄉間的小路上賓士，也不知走了多遠。路是坑坑窪窪的，顛得人有些昏昏欲睡的時候，才發現到了一個山寨，彷彿獨立的別墅一般，不像城市的餐館，都是連成一片的。周圍全是莊稼，這地方比成都的農家樂更地道一些，聽說，不少人專門跑到這裡來吃飯。我們進去，剛好有空位置，因為來吃飯的傢伙純粹是吃飯，沒其他的娛樂活動，吃完就走人。傣家菜有幾大特點：酸、辣、苦、甜、香五味俱全。酸：傣家人用的酸味很豐富，除了白醋外，還用不同的方法醃製出各種酸菜、酸筍、酸湯等。有些水果如酸角、檸檬、酸木瓜等，也經常用來做菜。辣：傣家人愛吃辣，馬老雲南老家有種辣椒王，名叫涮涮辣，只要把它往鍋裡一涮，整鍋湯都辣乎乎的。這種辣椒只在德宏有。苦：「苦菜」同樣很豐富，除了苦瓜，還有很多苦味植物和野生蔬菜，有人還把魚苦膽和豬苦膽用來做配料。甜：鳳梨飯、潑水粑粑等都是糯甜好吃的小食物。香：傣家產香米、野生黃花、香椿、茴香等，還有香柳、芝麻、香茅草等都可以用來做菜。有一種傣家人稱為「中白哈」的植物嫩葉，做湯菜或配料，香味濃郁。但這種植物數量極少，價格比肉還貴，一般很難吃到。不想這次全品嚐到了。就連酒也都是自家釀造的，比常見的米酒、白酒都更有沖味。這頓飯吃下來，差不多把我的眼淚都吃下來了。

傣家菜幾乎都是沒見過的菜，有的是聞所未聞，端上來一大盤蕨菜，我還以為是東北的大豐收呢。這蕨菜並不是真正的蕨菜，是蕨的生嫩葉，要醮著旁邊碗裡的芝麻醬或辣醬吃。味道大不相同。傣家烤肉看上去有些灰色，並不像一般的烤肉那樣誘人，有拼死想吃的想法。一片片切得薄薄的新鮮生豬肉或是生牛肉，蘸一下用洋番茄和其他香菜做成的「楠咪」就直接吃了。這在我都是十分新奇的吃法，雖然沒吃過，看主人家吃，跟著去學樣，雖然不是十分像，倒也差不了多少。

吃米飯時我還在想著是不是該有一隻碗才對的啊。但看看周圍的桌子上，都沒有。同桌的傢伙直接抓起米飯來，團成餅狀，直接包了菜吃，看上去味道很不錯。我也跟到自己吃其實才知道不是那麼回事。這米是糯米，自然很容易做成餅子了。我也跟著學，但總是出醜的，不是團得太厚了些，就是無法包住菜。也許這才是地道的傣家吃法吧。

現在回味起來，依然覺得吃傣家菜是難忘的經歷，至少是美食之旅上不可多得的一站。如果有機會，一定再去版納，不是去看風景，就只為了那傣家菜。

到雲南去看美女

旅行，到底不只是看看人文風景，與文朋詩友聚聚、聊聊這樣簡單的事。更何況這等事情，見識的多了，猶如家常便飯，也會覺得平淡無奇。跟幾個朋友聚在一起，總是八卦不已，以此緩解日常生活的壓力。好在去雲南還有美女可以打望，不必去麗江去尋找豔遇，也不一定是要去大理，讓大理俘虜，美女瞿臘阿娜是在一本書中是這樣寫的。

據說，昆都的美女是最有昆明特色的：大膽、活潑、不太在乎別人說什麼。這樣的一種個性跟其他城市的相比，自然是不相上下的。比如在成都，那是「紅粉」，在南京，那是「金粉」，在重慶，那是生猛麻辣，在西安，則是婆姨的俏麗，如此的比較也許對昆明相對弱了一些。我在昆明幾年前認識的還很有限，或者說，朋友周重林、內陸飛魚他們總是不大愛帶美女出現，以至於每次都是幾個男人紮堆在一起喝茶、喝酒聊天，也不是不痛快，只是少了一道風景罷了。

後來，在網上陸續認識了一些美女，比如瞿臘阿娜、陳秋月，以及美女作家黎小桃，她們說，來吧，來昆明看看，以女性的視覺打望，或許更有味道一些。這其中，鼓動最大的還是瞿臘阿娜，這名字在我看來，別有一種深意，其實是不懂裝懂，見到美女，總是覺得好名字是天然的，果然，問詢之下才發現，「瞿臘阿娜」譯成漢語就是「漂亮的馬櫻花（杜鵑花的一種）」。她說，你什麼時候來？甚至還在網上查了來往的資訊，可我還沒敢隨意來，因為看美女固然很不錯的理由的，但要看出風景，卻不是俗人所能做到的。

再來介紹下陳秋月，或許是在某個論壇熟悉的，又或者是在某一處聯繫的，是跟網路有關，至於詳細情況早已記不大清晰了。那一年來昆明，沒見上，那時候她住在一個鄉鎮上，本來想去探望一番，卻終於因為行程過於緊張而打住了，後來，也有機緣來往成都、昆明之間，卻一直沒再聊見面的事。這樣始終存在著一個遺憾，卻也可能是詩人所說的一種殘缺之美吧。

幾年前的一天，我去普洱、西雙版納跑了一圈，拍了不少照片回來，它們存於電腦之中，時不時翻看，少不得美女，既有節日的狂歡，也有鄉野的平淡，或者說，在她們身上很容易找見跟城市的雕飾大不同的風景，在看多了都市美女時，還是想看一看這樣的自然。不過，跟她們交流的太少，以至於記住的只能是隻言片語，她們的昨天、今天、明天又有什麼樣的故事？是值得探尋的，可在這個急遽變化的時代，再去，能找到昔日的風景嗎？我是有一點點擔心的。

大概正是因如此，去雲南的路上也就多了一層想像，至少不是那麼籠統，在網上也時常會看見有網友說，昆明沒美女，豈知這不是美女太少的緣故，而是不知美女在哪裡出沒，更是缺少發現美女的機緣罷了。這也是我們時下很容易犯的毛病，總希望走進一個地方，一打眼就能看見心想的風景，但風景二字實在是需要發現的，而不是它早就佇立在那裡，等待我們路過，圍觀，這還有什麼意思呢？就好像一個秀場，缺少一種誘惑，這也恰說明了我們的內心的焦慮與慾望更是直白的，早已缺少了詩意，這發現又談何容易？

有個詩人這樣說，發現美女關鍵是要熟悉當地的日常生活美學，美女都是符合這樣的審美觀的，如果你能輕易地觀察到，你就可能發現，她們的身影是隨處可見的。也許這是經驗之談，下次去雲南，倒不妨按照這理論去觀察一番了。

在麗江之外懷想

很抱歉，至今沒去過麗江，儘管隨時隨時都可以出發，都可以去看看風景——那裡的故事，在不少報刊雜誌、網路上出現，其實，不外乎是豔遇之城，在那裡很容易發現，人與人之間可以如此的親近。說起來，雖沒去過麗江，卻早已熟悉那裡的街道、場景、故事，傳奇，有一點曖昧。

記不起是哪一年了，有個女網友說是在麗江開一間酒吧，然後再開一間客棧，吃喝玩樂，一條龍服務，那是我跟幾個朋友坐在錦江邊喝酒，就扯起這樣的話題，說的很起勁，好像不到麗江開一間酒吧，就是人生的失意似的。網友把酒吧開了起來，生意越做越好，她說，你們什麼時候來看看，要儘快哈。還沒等我去到麗江，她人也消失了，酒吧關了——也許是尋找到了自己的愛情吧，我猜。那間客棧也就無疾而終。

後來，在網上結識了麗江人陳洪金，他說，車子過了金沙江，才是麗江。但是，就在金沙江邊的峽谷裡，在江的東邊，公路在這條叫做五郎河的峽谷裡，把車子牽引著，一山又一山地穿越。山間的公路彎彎曲曲的，彷彿在考驗一個人急切地奔向麗江的耐心。是的，麗江就在不遠處，它卻用山重水複鋪開了一段高山峽谷的距離。到麗江去的人，心早已飛到麗江去了，身體卻還在這山水之間的峽谷裡緩慢地行進著。這樣說法固然舒服，稍嫌誇張。在網上他時常報告麗江的新消息，惹得我總不禁遙想，此刻在麗江是不是恭逢盛況呢。

朋友白郎是麗江人，從麗江遷居成都二十餘年矣。先後寫了《吾土麗江》、《月亮是麗江的夜鶯》，那玉龍雪山，那麗江古城，以及平淡的日常生活，多少是引人遐想的。白郎有次說，在古城裡轉悠上半天，居然碰不到幾個穿著納西服飾的土著居民。作為納西人，我有一種「生活在別處」的感覺。昔日的納西古城成為一座「偽納西古城」的可能性在不斷增加，傳統在一點點死去。「每一種死，都帶走我的一部分」，讓我感到骨頭被烈火灼傷的疼痛。大概每個被開發的景區，都少不得有這樣的歷程，但這仍然阻擋不了人們的嚮往。

曾在舊書市場淘到一冊《宣科與納西古樂》。納西古樂是流淌在美麗的麗江血液裡的一脈河流，宣科把一部無聲的中國音樂史變為有聲，成為納西古樂上的傳奇。像民間這樣的文化傳遞，一直在我興趣關注之內，真不知道什麼時候可以去聽一聽納西古樂，感受下這古色古香的韻律。

不斷的有朋友去麗江，從麗江帶回來一塊印花桌布，一件手工製品，一雙草鞋，不一而足，在這些對象的身上，依稀可以看到些許歷史的痕跡，儘管它們是經過現代工藝製作出來的——更多的時候，我們只在乎它們的形式和表像了，詩人谷立立說，在更多的時候，我們看社會的變遷，人文的流傳，這樣的生活細節，才使我們的生活豐滿起來。

到底，這樣的想像是解不了渴的。什麼時候去麗江，不是為了尋求豔遇，也不是和某一個女子的約會，而是一種念想，在實現之後才會有所心安，正如一首納西古歌所說的那樣：樹木和石頭使歲月流失。不過，這留下來的就是永恆的回憶了。

看山是適宜頓悟的

為什麼喜歡山？喜歡它的層層疊疊，它的直入雲霄，它的陡峭曲折，它的白雪皚皚，它的溫柔四溢，它的綠的青翠欲滴……這樣的山在雲南多了去了。登上山的那種自豪感是不能用語言形容的，還有那種雄壯，那種厚重感，那種能夠讓人依靠的感覺。這樣的說法令人懷疑到底是對山的本身熱愛，還是出於對山的意象追逐。但不管怎麼樣，對於山，我們似乎知道的很多，那只是泛泛的瞭解，屬於常識一類的偏多，其實對於山的不瞭解才促使人類隨時想著去征服它。

雲貴高原多山，多峽谷，多河流。山是各種風格的都有，但這並不能說，這些山都是那麼值得一看，原因自然是這山望著那山高，不僅如此，還存在地域、植被的差異，由此帶來的看山看水也就成了另外一種景象，說是驚喜也無妨，或許這是因為在城市裡禁錮的太久，以至於看山都有一種別樣的感覺。對山來說，愚公只是出於想像的，並不能讓山整體的移動，美好的願望在這時候看上去有點可笑。所以，看山，不是看其形體，不是看其險峻，而是在山上看出它的生存哲學來。

如果說，沒有無緣無故的愛也沒有無緣無故的恨，自然也沒有無緣無故的存在。亦如有句諺語所說，「養育一個孩子需要一個村莊」，那麼，在雲南的眾多山間，我們一樣能找到美。比如在高黎貢山賞火山之美，在梅裡雪山看巍峨之美，在玉龍雪山瞧冰峰之美，在哀牢山睹磅礴之美，在碧羅雪山秀冰浪之美，在點蒼山嗅蒼翠之美，在白馬雪山思流光之美……而這也只是山的一部分，所以蘇東坡才說：橫看成嶺側成峰，遠近高低各不同。

看山是適宜頓悟的。在山的面前，來不得假裝的藝術，喜好就是喜好，討厭就是討厭，並且這種表達對山來說，不會增加分量，也不會有損身份——山就在那兒，任人評說，不氣不惱，這樣的一種情懷時常讓人感歎，人世間的紛爭煩擾，若多一點寬容和理解，豈不是和美的世界？

漂泊感是緊隨著都市人生長的，不管是在故土還是他鄉都是異鄉人。那一天，在山上，不見人影，帶了一冊植物誌，想著山是有知識而不空疏、有趣味而不枯澀，沒事認識一下植物也好，面對山上的林林總總，卻想不出來一棵樹一棵花草的名字。很顯然這不是源於自己的疏忽，而是久居都市之後，對大地有了陌生感。

縱然是我們在山上隨意走走，也能感受到它的靈性，一片樹葉，一塊石頭，毫不起眼，卻是根植於大地並生長起來的，這很容易讓人想到豐子愷的代表畫作《人散後，一鉤新月天如水》，寥落的線條勾勒出滿紙的靜謐，這樣的幸福是讓人油然而生的。在山中的歲月看似隨意，豈知卻符合了莊子的逍遙遊，思接千里萬里，與自然對話。如此，總是能讓人找到人生的高度和生命的鏗鏘。

湖泊的機智之美

古人有詩句說，舟如空裡泛，人似鏡中行。可見，湖泊之美早已為古人所領受，外國詩人也親切地把湖泊稱作「大地的眼睛」。甚至還有人說，湖泊是上帝的眼淚，但不管怎麼樣，湖泊的存在讓人找到生活的風雅。

雲南的高原湖泊更是如此，給人的感覺不再是水一潭，各有風情，而是在不同區域的湖泊的美是有很大的差異。撫仙湖，詩人們形容其為「琉璃萬頃」是毫不誇張的；女兒湖瀘沽湖遺世獨立，色彩變幻，猶如「上帝的調色板」；滇池系高原明珠」，風光無限；洱海，從空中往下看，它宛如一輪新月，靜靜地依臥在蒼山和大理壩子之間；至於芒市的孔雀湖，每天都有霧飄忽於群峰碧山之間，生於煙波浩淼的水面之上。遊人置身其中，恍若仙境，眼前群山雲霧繚繞，時而濃重，時而飄逸，時而朦朧，很難分得出哪是水面，哪是雲海……這難道還不夠嗎？

智者樂水，仁者樂山。水之氣韻，水之風骨，是隨著其地理變化萬千的，高原湖泊在這一點上可能更加值得欣賞，但我們除了有美的無法形容之外，就是驚豔，就是邂逅，諸如此類的詞語，是無法傳達出湖泊的味道。這常常讓我想到，古人旅行，山橋蹇驢，竹杖芒鞋，時時刻刻都擁在自然的懷抱中，所以感覺最親切的是自然，體味最深刻的也是自然，湖泊最美之處在於自然。

詩人、數學家蔡天新在談論旅遊時曾說：摹仿有其天然的侷限性……是比較低級的求知實現。而美的感覺要求有層出不窮的新的形式，對於現代藝術家來說，通過對共同經驗的描繪直接與大眾對話已經是十分不好意思的事情了。這就迫使我們把摹仿引向它的高級形式——機智。關於機智，喬治‧桑塔耶納認為，機智的特徵在於深入到事物的隱蔽的深處，從那裡揀出顯著的情況或關係來，注意到這種情況或關係，則整個對象便在一種新的更清楚的光輝下出現。

如果以此來關照雲南的湖泊，我們得到的不再是浮泛的印象，而是深入湖泊肌理，產生出的思想。這是讀懂湖泊的訣竅之一。若簡單地看湖泊，除了其風情之外，我們確實難以看見它的內核，這就像我們的行走，本來可以走的不一樣一點，卻因為大家都是這麼看，也會忍不住學樣，這樣就無法體驗出湖泊的美學——《瓦爾登湖》的作者梭羅說，「比起我們的生命，湖水多麼美麗！比起我們的性格，湖水多麼清澈！我們從不曾聽說它做過什麼可鄙之事。」

那麼，我們就自由自在地在這些湖上流連，不必在意天色是否已晚，不必在意在湖上飄蕩是否若有所思，這些統統都不是最重要的。而這樣的小小的舉動對個人來說就是極大的事，然後……朝著美好航行，如果把湖換成詩歌的話，就像詩人特朗斯特羅姆所說：詩歌是禪坐，不是為了催眠，而是為了喚醒。

在雲南看河

雲南有山有川，當然少不得河流，河流分佈之廣，之博，令人歎為觀止，無他，在那些河流中徜徉，看朝陽初生也好，長河落日也罷，給人的感覺大不相同。但說到看河流，肯定令人大為驚異，河流再美好，又有多少可看之處？其實，看河也不是看河，而是看不同的維度呈現的世界。

河流因地形、地貌的不同，開合、曲折，故事大不相同，在怒江，你想像不到紅河的姿態，說起金沙江，你未必記得起在雲南的流經路線圖，甚至於對盈江、多依河，都無法有完整的印象，更不要說三江並流，那是怎樣的氣概？至於瀾滄江，或許好酒的記住的只是一瓶啤酒罷了，至於它的美麗，又有多少人在乎？在乎的人不少，因為它帶給人們的是一種嚮往——在河流中，很容易讓人明白世間的變化無窮，到底有值得記憶的亮色呈現在我們的日常生活當中。

不到黃河心不死，不見河流心不跳。它們所具有的不同姿態讓人迷戀，而由河流演繹出的故事，更是層出不窮，比如在麗江，在南溪河……流連忘返，甚至於在河流奔襲來去，都沒有道理可言，然而，正因如此，看河才能看出萬千氣象，看出大地滄桑，由此交集的世界是怎樣的情懷？停留在河流的表象，或者停留在河流的過程中，我們無法洞悉它們帶給當地人的是怎樣的福祉。

確實，我們都是河流的看客，無論我們以怎樣的情懷去表達，都顯得有些矯情，這就像我們的生活中的那些細節，如果誇張一點，其所帶來的固然有美好，但到底缺失了一點點美妙，顯得有些生硬。河流所呈現出來的美學，無疑是超越河流本身的，只是我們更多的是對它們的不解罷了。

然而，另一方面，我們又常常自以為對它們有足夠的瞭解。在雲南看河，是看河的性情，是看河的姿勢。

這一層美妙，無法用言語表達。但就像我們對河流的理解一樣，不管是南溪河，還是瀾滄江，還是三江並流，它們作為河流存在的意義在於給人類提供水源的同時，也在促使我們觀察河流的變遷，並審視自己。

所謂美，就是產生在這樣的細節裡，一如旅行家所言：展現高原水鄉獨有的風貌。在傣族人看來，「水是我們的靈魂。」雲南詩人于堅曾沿著瀾滄江行走，並將湄公河瀾滄江—湄公河命名為「眾神之河」。用于堅的話說，一路上，他遇見過無數沉默的人，他們住在各式各樣的地理單元中，隨遇而安，彼此相安，知足常樂。這樣的一種精神和氣質是雲南水系蘊育下，所獨有的。而這樣的河流所產生的美，也是最值得敬仰的。

不過，在雲南行走，考察河流的狀況，或許我們更能明白雲南人的日常生活中所呈現出的美學——有時候，我們窮山涉水而來，所探求的或許正是基於地理概況呈現出的社會文化學，在某種程度上也成為認識人類自己的最佳選擇之一。

瀑布之美

如果說，專門跑到一個地方去看瀑布，一定會被當成笑話傳遞。無他，瀑布縱然有雄有奇，不是專門研究，大可不必跑去看看。然而，這也是一種淺見，實在是無法瞭解瀑布之美，那是一種動水景觀之美。它溶形、色、聲的美為一體，具有獨特的表現力。是自然美的類別之一。其成因有多種。如水流對河床岩石侵蝕的差異，地層的陷落或斷層，火山溶岩的阻塞，冰川的切割和堆積等。不同的地勢和成因決定了瀑布的形態。瀑布美有兩種類型，一是壯美型。這類瀑布因瀑面寬闊、落差極大，而成磅礡之勢，似洪波決口、雷霆萬鈞，給人以恢宏壯麗的美感。如落差近千米的南美洲安赫爾瀑布；瀑面寬一千七百米、落差一百六十米的非洲莫西奧圖尼亞瀑布。二是優美型。這類瀑布因水量小、落差大，水流輕細、飄忽，薄如蟬翼、淡如煙霧，給人以朦朧柔和的美感，因而又得名為「新娘的面紗」。

雲南雖然瀑布不是最多的區域，卻也有自己的特色：大疊水瀑布、三臘瀑布、九龍瀑布群、多依河瀑布群，各有風景。我曾請教如何看瀑布之美，亦有人坦言，瀑布美的本質特徵是富於變化的動態美，其具體表現為：一是形態多變。二是色彩多樣。還把觀察瀑布的三種方式粗略地講解一下：

看其「形」。瀑布既是水流從高處突然跌落而下，跌落中又常受崖面突出岩石的阻擊，於是四處飛濺，多姿多態。或似百幅白綾，搖曳空中；或似萬斛明珠從天而瀉；或噴雪奔雷，或拋珠灑玉，或風颺輕煙，形態姿色，極盡變幻之能事。

觀其「勢」。陡落的瀑布，其勢如萬馬奔騰，震撼山谷，動人心魄。唐代大詩人李白吟的「飛流直下三千尺，疑是銀河落九天」成為狀寫瀑布之勢的千古名句。

聞其「聲」。瀑布之聲，或如雷鳴轟天，萬鼓齊擂，撼人心魄，或如撫摸琴弦，輕唱慢彈，清脆爽耳，都給人以美的享受。

瀑布之美除「形」、「勢」、「聲」外，還有色彩。飛瀉的瀑布在陽光照射下，五光十色，晶瑩奪目，宛如銀河來自天上；瀑布激起的水霧經太陽斜照，化作一道五彩繽紛的長虹，飛跨山間，煞是美麗動人。欣賞瀑布還有兩點應該注意。其一，注意觀賞位置的選擇。瀑布一般由溪流、跌水和深潭三部分組成，定位觀賞只能看它的局部；要全面領略瀑布的美，就必須由遠到近，從低到高，有一個選擇變動觀賞點的過程。其二，不要放過對瀑布周圍景致的觀覽。如瀑水跌入的碧綠池

小清新的古鎮

得空去古鎮看看，老傳統，老街坊，老手藝。週末總會有人吆喝著出去走走。距離城市不太遠，又有鄉鎮樸素之美，大概只有古鎮可以去了。但現在說到古鎮，大都有點貶義的味道，是商業的變種，說起來很好，想像也不錯，一旦親歷其境，才知道不是那麼回事。

不管是江南的小鎮，還是四川的古鎮，大都有這樣的感覺，所以，去逛古鎮，說實在的，是沒多大的看頭。像麗江、大理，也似乎都不如從前那般美好了，商業、酒吧、小吃，夜場，給人的感覺，比城市還熱鬧，不僅如此，想玩的好玩一點，盡興一點，也是難得。這折射的可能是古鎮的倫理的沒落，你喜歡古鎮有古的味道——是不是破舊不堪的樣子，有點古董的感覺？很多人就疑問，這樣的地方誰去嚮往，不小資不文藝青年，註定離這樣的場景很遠。

有次去逛古鎮，建築是新近翻蓋的仿古建築，就是四大會館也另作了用途，一條大街，街兩邊是古玩店、藝術小店、小吃店什麼的，到處是來往的人，像城市裡的繁華商業街，很商業、很現代。走在這樣的街巷，雖名為古鎮，卻實在是城市的翻版了，可看的不多，可玩的不多。

得閒，去雲南的幾個古鎮看看，黑井、諾鄧、沙溪、和順、娜允、八寶、丙中洛……幾百上千年的風雨將這古鎮歷練得處事不驚，淡定幽雅。各有風味，商業固然也有，古跡也可見，卻能安然地走著街上，看來往的人，小店，也很舒暢。即便是住下來一段時間，也只是古鎮的過客，無法深入到他們的日常生活當中去，這就好比我們混跡在古鎮當中，做得出他們的姿態，卻學的是皮毛。至於古鎮的性格和性情，也就距離更遠了，就如同一些古鎮上的偽古董建築，只是「像」而已。

在古鎮上閒逛，隨手拍下的照片，看上去樸實無華。人的笑臉也格外爽朗，有時候從那一雙眼睛裡也能讀懂歲月的滄桑——好的壞的都會在一個人的臉上留下些許的痕跡，只是輕易不為大眾所知道罷了。如此待下來，也會發現：與城裡人相比，他們的日常生活方式還是仿古的：如果去掉了現代的裝飾和空間的話，簡直有穿越時空的感覺了，在詩人奧冬的筆下，卻是：一窗窗春色換個不停／從城市到平野到山間／——喂停車，我們到站啦。這一種驚喜就是小清新了。

古鎮所呈現出的田園自然之美也好，破敗頹廢的滄桑之美也罷，即便是寂靜深邃之美，也能令人頓悟，忘卻凡塵之種種煩擾。到底是因為古鎮的存在，鄉村才有了靈性。漫步在古鎮的街道上，樸素的街景，遠近可聞的人聲，以及散發出的帶有歷史的氣息，讓人安靜。事實上，我們所說的古鎮只是一種生活狀態，是生活方式與自然環境的結合在這裡，你能看到老貓還是悠閒地伏在老房的窗臺上睡覺，看老奶奶戴著老花鏡，坐在太陽底下補衣服或做其他的女紅……這場景，這古鎮，靜靜享受沉澱的滋味。如果說，青春到處便為鄉，到古鎮去尋求生活美學，就是在追尋「生活在別處」，是今天生活的密集註腳。

大美秘境

鄉村作為中國文化的支點，一直在支撐著一個社會的脊樑，但隨著城鄉差距的拉大，許多的鄉村改變了顏色，美固然還有幾分美，卻失掉了底色，特別是工業化帶來的鄉村人背井離鄉，進城打工，或奔向經濟發達地區，而鄉村僅僅作為一個名詞存在，甚至變得有名無實。在此語境下，探討鄉村的變遷，就成為了一種可能。

有詩人說，每個人的故鄉都在淪陷。故鄉如此，鄉村如此，但走在雲南的鄉村裡，卻給人截然不同的感覺，它們依然保存了鄉村的生活習慣、習俗，日升日落，歲月悠悠，在那裡，時間似乎停滯了，其實這是在對現代都市的反思。在喜洲，在東蓮花，在雲南驛……古村落所呈現出來的模樣依然有古色，道路、建築，以及由此呈現的鄉村空間，在那裡依稀找得出古文化的些許細節，正是這樣的細節，讓鄉村變得美好。

最近幾年流行的鄉村旅遊，看似紅火，實則是只涉及田園風光，以及地道的小吃，至於鄉村的精髓，大概是需要慢慢地去體察，走馬觀花只能看得出鄉村的表象——在更多的時候，一個鄉村的美，除了表象美之外，還存在著另外一種美，蘊藏在日常生活當中的行為方式，以及語言帶來的清麗。

這樣的一種美好，與其說是最後的世外桃源，我想也不為過。畢竟在鄉村也在提倡全球化的時候，它的特色和氣味是不是還能融入這個時代的語境，我是說，它是不是也被世俗化了，像許多的旅遊景區那般，失去了自己的特色，從而失掉了一個村落的文化。

美籍奧地利人約瑟夫·洛克的舊居在麗江的雪嵩村，他的舊居是光線黯淡的房間裡，只有一張單人床，一個簡易書桌，一個炭火盆以及牆角兩個陳舊的箱子。在這裡他生活了將近二十年，洛克先生在他的著述中，曾多次讚美這個銀石山腳下開滿杜鵑花的村莊：「若不是太僻靜的話，那地點可是太誘人了！」而這正是雲南鄉村的最迷人的所在。

大美，秘境。在雲南鄉村間行走，即便不是為了觀察村落，而只是簡單的行走，也會為村落的完美而動容。居住在那裡的人可親可近，即便是吐露出的方言不甚明瞭，卻依然有一種古雅，在這裡，到處都是文化，只是看你如何去看待去了。

古村斑駁的圍牆，訴說著歲月的滄桑，精緻的門窗，彰顯著昔日的輝煌，但是我們感受到的不是炫耀和霸氣，而是內斂和儒雅。這樣的文化及氛圍才真的是美好，只需要沉浸在歲月當中，自然會慢慢發現的。

鄉村之美，需仔細地去發現，那些隱藏在日常生活當中的細節，更是如此，在鄉村間探秘，是探歷史、文化之謎。而這樣的歷史傳承是一代代地往下流傳下來的，無須更多的詮釋，在這樣的時空裡，我們所能享受的是寧靜、馨遠，那絕不是落後的代名詞。在鄉村，回味的是過去，是歷史，也是文化，雕樑畫棟也好，曲折小徑也罷，所延展的正是這鄉村之美。

在時光走廊裡遇見森林

為什麼我們越來越熱愛自然，有逃離城市之感？不是我們的內心越來越脆弱，而是城市變得越來越具有魔幻色彩，總是出乎我們的意料之外，不僅如此，城市的失衡感讓人內心變得焦慮的同時，缺乏一個有效的緩解閥。走進自然，走進山川，走進森林，也就成為了一種必然，在那裡既是動植物的王國，也有流水風聲組成的樂章，遠比車聲、人聲悅耳。

所以，王維說，「空山不見人，但聞人語響。返景入深林，復照青苔上。」賈島亦說，「松下問童子，言師採藥去。只在此山中，林深不知處。」這樣的景致，是風景，又超越了一般的風景，其景其境，都令人稱奇。在雲南，森林公園多達二三十處，在普達措國家公園，在銅鑼壩國家森林公園，在莫里雨林景區，在西雙版納原始森林公園，我們能欣賞到的不是北國的風光，也不是江南的風情小調，而是西南特有的森林，樹，高大參天，路，崎嶇逶迤，動物相戲，風舞相聞，又能得到一種自然的感動。人與動物，人與植物，原本是可以互相吸引的，亦如法國文豪雨果所言：「一開始是我們教化人與人之間的關係，現在有必要教化人類和自然以及動物之間的關係。」

因了這一層關係，單獨去森林公園去看的人並不多，也許是太奢侈了，也許是不大習慣森林的味道——需要仔細尋找才能發現它的美好。那麼，到森林公園看什麼？在普達措，有明鏡般的高山湖泊、水美草豐的牧場、百花盛開的濕地，而在銅鑼壩，羅漢竹隨處可見，或生於溪邊，或生於山谷。放眼望去，亭亭玉立、婀娜多姿，微風吹拂，綠浪滾滾……在每個森林公園都能找到它的風格，但它們又沒有城市的喧囂，彷彿是一次穿越，在四維空間裡行走。

森林所提供給人的不僅是養料，還包括生態、環境上的淨化，但這並不等於說我們就真的是那麼熱愛森林，穿梭於漫長時光隧道，我們在森林裡可以照見過去、未來，這就像在某種意義上，我們都是旅行者，只是在不同的時空裡穿越，我們尋找的不再是物慾，也不再是哲學，而是自然而然在森林裡生長出來的美學，那是沒有雕琢的，也沒有被閹割的。如果說城市不但古典的東西能讓人感動，而且現代的東西也能讓人驚豔。時光在森林卻凝滯了，不再前進或後退了，但那不是永恆，只是因為我們的觀察，遇見了別樣的生活。

峽谷之美

峽谷給人有現場感，縱深感，這是在逛其他自然風光無法想像自然的傑作可以如此充滿想像力。在雲南，既可以看到美輪美奐的自然風光，奇特的地貌，山川河流，都算不上特別稀奇，需知，大自然的所謂鬼斧神工，是一種跨界，原本你以為是平坦的山川，卻忽地來一個奇谷，或河流、或瀑布，總之給人以驚喜無限。

相對而言，峽谷給人的是夢幻風情，遠看近看，高低都有不同的觀感，或氣勢逼人，或溫婉綿長，或恬靜幽深……這就好比我們打量一座山，一條河一般，也像梵谷的油畫《峽谷》。不僅如此，身處峽谷當中，不管是在雨碌大地縫、虎跳峽，還是在雞公山峽谷、怒江大峽谷，甚至是香格里拉大峽谷、獨龍江峽谷，都能找到想像的樂趣，雲南著名作家于堅到了大山包的雞公山後無限感慨地說，雞公山的大峽谷，絕不亞於美國的科羅拉多大峽谷。他給這個大峽谷取名「雄獅大峽谷」。洛克在〈穿越亞洲大河流域的大峽谷〉一文中，這樣寫道：

在世界上，還有什麼地方能讓探險家和攝影家找到動心和無與倫比的壯麗景色？我想不會是別處，只能在至今無人涉足的雲南西北部、西藏東南部的察龍山脈。這些河流不僅只是把高原平地改變成了峻峭的山巒，而且形成了終年不見陽光的深淵，以及從來沒有人類涉及過的無路可行的大峽谷。這些深壑中，怒江、瀾滄江和長江把兩萬英尺（六千零九十六米）高的山巒切開一個個口子，使它們有道通向大海。這三條大河的源頭都是由北向南，並行地流下……形成三江並流的壯觀。

這樣的峽谷，美得令人窒息。在城市裡待久的人，在這裡面對的不是車來車往，不是高樓大廈，卻有著自然的生趣，植物在風中灼粲，點綴不是山，所裝點的也不是你的眼睛，它獨自、它自成風景，跟誰都不相關，這樣的精神，才是自然的風貌，世俗在它的眼裡是不存在的，這就像我們日常生活中的那許多小事，那許多風景，哪兒是因為我們需要，才發現它的美好呢？

不過，峽谷之美，除了自然生態之美之外，還就是能在那裡發現不同的生活樂趣，峽谷給人以想像，而生活讓人回歸。而這則是許多探險家和攝影家所喜愛峽谷的原因之一。無疑，峽谷的穿越是對許多人來說是挑戰，也是跟自然親密相處的機會。這就像詩人寫的那樣：此刻／誰感覺到了渺小／誰就走向了晨曦／誰遠離了自己／誰就回歸了本心。

地質公園隨想

所謂地質公園，科學的定義是以具有特殊地質科學意義，稀有的自然屬性、較高的美學觀賞價值，具有一定規模和分佈範圍的地質遺跡景觀為主體，並融合其他自然景觀與人文景觀而構成的一種獨特的自然區域。是地質遺跡景觀和生態環境的重點保護區，地質科學研究與普及的基地。不過，對於地質公園的價值挖掘顯然還不是很充分，不管是喀斯特地形，還是地質公園，它們對研究地質，以及人文價值都有特殊的意義。

雲南多山，多風景，其中最突出的就是奇特的地形地貌，它們千姿百態，各有風格，既有「雲南的紐西蘭」會澤大海草山，也有傳奇的石林、土林，以及亮麗的紅土地，更不要說迷人的羅田油菜花田了，那一道道奇觀，所蘊藏的除了給人美的感受之外，還極具美學價值，遠觀、近看各有風姿，這就是蘇軾所說的「橫看成嶺側成峰，遠近高低各不同」。

如果僅僅將這個概括為雲南的地質公園，雖不至於有太大的偏差，卻無法進入每個區域的核心價值，也因此，對觀光客來說，不管是石林，還是土林，都沒多少稀奇的，無他，因為地質運動的關係，這樣的奇跡並不是為某一空間所獨有，經聯合國教科文組織批准的地質公園中，五十八個中中國就占了二十二個，而雲南的地質變化的奇巧是太多了，山川河流，無不有自己的特色，在挑選地質公園的過程中，無疑是一個難題，而從中國最美的十大地質公園中，就涵蓋了雲南石林和騰沖火山。

在給它們的評語中，石林是：「一塊石頭擺成景，謂之藝術；一堆石頭擺成一片景，謂之神奇；如成堆石頭擺成一片森林，那就是奇跡。雲南石林就是奇跡！沒有去過石林，無法體會萬石成林的雄偉與壯觀，不是仙境，勝過仙境。」騰沖火山則為：火山睡著了，熱海還醒著，這樣彼此依偎的姿態，是騰沖式的美姿。億萬年前上演的絕代風華是滄桑迭變的一大奇跡，留下眾多讓人回想地球久遠年代的神秘遐思。密集的火山群及勢若奔騰的熔岩流凝成石山以及巧奪天工的火山熔洞，幽靜神秘，千姿百態，只歎地球造化之功，時空之長，人之渺小。

不過，在不同的地質公園間暢遊，那是一種怎樣的境界，詩人會拿起誇張的筆，描述它：在我的腦海裡，你是／一枚渾圓的果實／轉動，每一次想像／都是一

建築的律動

雲南建築，最早認識的是郵票上的雲南民居，那樣式，嗨不說了，看著總是那麼的舒服。民居是建築的一部分，但現在隨著社會轉型的進行，這樣的民居越來越少了。而在寺院裡，依稀可以見證建築的舊模樣——它不像民居那般轉換的速度很快，在歲月中沉澱，一不小心就成百上千年，看著這樣的建築，真令人感歎。

如果仔細考察雲南建築，你會發現它和現代建築相比風格迴然不同，更偏向於古代的建築風格。事實上，它與現代的建築相比更民族化，更中國化，是由中國古時所直接遺留下來的歷史文化見證。研究者還會告訴你，雲南建築是中國古代建築的延續。

在《雲南民居》一書裡，作者如此概括雲南民居的建築起源和特色：

一般來說，在不同民族相互雜居的地區，往往是較為先進的民族文化佔據主導地位，不同程度地影響著周圍的其他民族，如在雲南本土傳統民居建築形式上，往往出現有「傣化」、「白化」的現象。正是這樣，各民族民居建築才得以不斷發展、更新。

在生產技術方面，隨著鐵器、農耕勞作工具的輸入傳播，不同的文化也注入了新的因數。如哈尼族在山區借鑒壩區的稻作農耕技術，形成了自己獨特的梯田文化；佤族在自己狩獵文化的基礎上，引入農耕生產，創造了狩獵農耕文化。同樣，在民居建築方面，雲南本土的傳統民居建築，也在漢文化的影響和交融過程中，派生出了一個「漢式」合院民居建築體系，即雲南民族根據自身的發展需要，借鑒中原傳統建築的先進經驗，有效地移植、嫁接所創造出的具有本民族鄉土特質的另外一類民居建築形式和居住文化。

雲南還能保存著色彩各異，獨立絕世的建築風格，實在是一種異數。另外，雲南的少數民族眾多，每個民族都有自己的建築風格，比如喜洲的民居建築均為獨立封閉式的住宅，有點像北京的四合院。一座端莊的民居院落主要由院牆、大門、照壁、正房、左右耳房組成。一般的建築形式是：「兩房一耳」；「三房一照壁」，少數富戶住「四合五天井」，即四方高房，四方耳房，一眼大開井，四眼小天井。此外，還有兩院相連的「六合同春」；樓上樓下由走廊全部貫通的「走馬轉閣樓」等等，真是五花八門，猶似迷宮。僅從這些的建築風格上就可以瞭解到雲南獨特的建築風格與風土人情。

這樣的民居散落在各個地方，難以有較集中的聚集地。相對而言，寺院建築則是地方建築、民族融合的集大成者，如金光閃爍的松贊林寺是雲南華麗的代表之一。這也是雲南建築的一大貼點華麗而張揚。

行走在這樣的村落，或寺院，給人的感覺是寧馨，拋除塵世間的種種煩擾，在職場上也好，生活中也罷，就像這建築，看來看去，不瞭解的也能發現它的美，只是我們忽略掉了，只看見高樓大廈，卻看不懂世間的滄桑變化。確實，我們都是俗人，只是在有時候會想起，原來建築的溫度是存在的——就在我們的內心深處，只是有時被其他的慾望所掩藏，我們看不到罷了。

卷三　漢中記

漢中在哪裡

如你喜歡漢朝，你沒有理由不知道一個叫漢中的地方。

如你喜讀三國，你當然回憶起那些歷史的場景。

當我從那列名叫一四三四次的火車上奔跑了十多年的時候，我不知道這樣一個城市，很奇怪。每次列車員報告說，陽平關、略陽、勉縣，我都不知道是哪一個地方？也許在地圖上我曾經注目過這個地方，但很快被記憶覆蓋，在歷史的長河當中，我們見多了一粒沙，卻看不見整片的森林。

問題在於，那片森林不曾出現在我們的視野之內。漢中就是這樣一個地方，我的描述可能只是它其中的一部分。從地理上，我們很容易區分它，但在現實中，它在那裡，我們只不過是過客，看看風光，打量下，如此而已。

我問過朋友，該怎麼樣來描述漢中，可能更準確一些。但沒有一個答案令我滿意，或者說，在眾多答案當中，我知道的是，不管是漢文化，還是歷史傳承，以及區位的變化，都不能更好的來形容漢中。

漢中的位置恰恰說明了它的多元性。不管是四川，還是重慶，還是現在的陝西，都不能說漢中是它們的一部分。這樣說，可能過於拗口，我的意思是，漢中，它不屬於這三者當中的任何一部分，而是一個複合體。

然而，要問漢中在哪裡，肯定是一千個人有一千個答案，這毫不奇怪，就像網路時代所呈現給我們的人際關係是錯綜複雜的一樣，漢中是一個複合的概念，其包羅萬象，甚至於難以用常言來講。

不過，我知道，那就是中國版圖上的一個點。

在歷史的潮流中或許洶湧，但今天它毫不起眼，或者說，它本身的潛力還沒能好好挖掘，又或者說，它不引人注目可能是它本身的力量還不足以放大到歷史的進程當中，我說的是當下，而不是以前。

也許，它一直尷尬地活著。

找不到方向——有時明白了，卻因為這樣那樣的原因沒有了方向，人類的徘徊或猶豫，讓歷史變得不可思議。

我再次路過漢中，不僅僅是路過，而是停下來，打望。

這樣，我才知道，漢中的位置有多麼的重要。在我的內心，儘管看余秋雨的文字如草芥，但我知道，我們曾經錯過了一個時代。

張愛玲說，我們總是錯過一些人，一些地方。

當我提出疑問的時候，我知道，所有的答案在於，我們發現，我們知道，我們卻很不樂意去承認，在漢中，如果是一種生活方式的話，我們回不到漢唐，回不到三國。

我們只能坐在茶樓裡，或漢江邊，聽從內心的召喚。有時候，我們以為走了很遠，很遠，對歷史來說，我們跑了一圈，又回到了原點。

漢中，在哪裡？

你知道嗎？

散步之城

每天早上，從東關正街到天漢大道，二十分鐘。一路上吃的不少，書報亭有一兩家，新華書店和天漢書社是兩家最大的書店，但可看的書寥寥無幾，每次去，都不曾想過能遇到一冊可人的書。

但小城有小城的好耍之處，不像大城市那樣誇張的不停趕路——比如在北京如果上班，可能又趕地鐵又趕公車的，很多時間都花費在趕路之上了。在漢中，就大不一樣了，步行就可以了，緊急的事才會趕時髦似的乘坐一會公車。

對城市最好的瞭解，就是丈量它，不停地一遍遍走過去，打量街道上人或物，一條條街道就是這樣被熟悉的，雜貨店、服裝店、小吃店等等就是那麼一點點的拉近距離，有的地方你一輩子只是打望，也不會走進去，卻能感受到它們的溫度，比如在一條古舊的街上，有著法國梧桐，雖然在秋冬時節看不到蔥綠，你卻可以想的到它在夏天的繁姿。下班回家，不走大路，專門在小巷裡穿越，那時，街道上的行人不是很多，空曠，似乎不染塵埃似的，店鋪早早的關了門，在這樣的環境裡行走，時常有將軍巡城之感，偶爾會在一個看板之下佇足，打量一番。然後繼續走下去。安靜，偶爾有腳踏車從身邊滑過去，如此這番的散步，時間久了就能感覺到街道的味道不同。

有幾次，我在街巷裡行走，看見不多的行人，在巷道口停下來，向幽深的巷裡打望，不見人影，不知道另一頭是通往哪裡，立時有一種奇異的感覺。想走進去看看，卻又怕從某個角落鑽出人來，問你，幹什麼的？猶豫，懸疑，構成了漢中的城市本質，隱藏在城市的骨子裡。甚至在它身上，你很容易發現它是有靈魂的。上千年的歲月當中，在這裡沒有凝固，而是靜靜地傳承著，一如漢江朝夕不停地流著——不過，現在它已經斷流了。

順著街巷，再往前走一些，也許能發現街巷的些許奧秘，在丁字街散步時，看見不少店鋪關上門，卻有不少易經大師在那裡測名取字看吉日，有的號稱中國十大預測師，隨手記幾個電話，也許以後可以找見點什麼。我想起在成都街頭茶館閒坐，就會有人走過來說，哎呀，我看你印堂發亮，一定是好事臨門，我給你算算。行走江湖，大抵如此的吧。

也許正因為漢中的小，道路有名的無名的，錯綜複雜，行走起來，更有意思一些，每次走過那一條條街巷，就有新的發現，某一家重慶火鍋店關門了，在招租，隨後幾天的時間，有人在門口站著，或打電話說著什麼，也可能這裡開一家新店——前任店主說，設備可以轉讓，那一家郵局書店到的書刊雜誌總比別人慢半拍，一些書報已經被翻的捲了邊……

每天下午，從天漢大道到東關正街，差不多要一個多小時才能回去，沿路的世事猶如風景一般在眼前一一滑過，從哪裡出發，都能抵達想要去的地方。

住在漢中的理由

易中天說，漢中是最早的天府之國，自古就是塊風水寶地！

但對漢中人來說，這並不重要，重要的是在這裡居住、生活、工作是不是能找到快樂。對城市而言，快樂指數不單單是一種經濟、社會發展的參照物，更大的可能是它構成了我們選擇居住的理由。

當然，漢中的歷史文化之悠久，可以上溯到遠古，最為人稱道的是漢文化、三國文化，但對於快速轉型的漢中來說，這就構成了發展底蘊。漢中作為陝南的重要經濟區，因為地理環境、區位優勢、南水北調等因素，並沒有得到長足的發展，甚至於落伍於其他經濟區，但這並不是關鍵問題所在。套用一句網路用語，落伍不可怕，可怕的是看不到城市發展的方向。

我們很高興地注意到，漢中的走出去、引進來的招商引資策略正在發揮越來越重要作用，不少外地地產企業也看中這裡的發展契機，投資的規模也越來越大，這將決定了漢中的城市發展更為快速。

因此，我們提出了地產時代的概念。從城市的發展角度看，漢中已經和以前的漢中不可同日而語。它正處在一個快速上升的階段，在這樣一個時期，城市規模擴大，生活方式多元，社會文化多樣……總而言之，基本城市形態也上升到了高度，行銷漢中、經營漢中，成為城市發展的重頭戲之一，而這勢必加快漢中的城市現代化進程。

懷疑論者一直覺得，在漢中，適合生活，適合居住，適合談文化，適合搞攝影，但卻不適合做一本專業的地產雜誌。當然，對《住在漢中》雜誌來說，可以說是歷史的選擇。

這正如居住在漢中，我們可以找出各種各樣的理由，比如歷史人文，比如社會環境，比如生活消費水準，甚至於是經濟發展……坦白的說，找出一百條理由也不是問題。但不可否認的是，今天的漢中生活成本是高於陝西的其他城市諸如西安、咸陽等地的。而漢中的居住成本也在增加。不過，在這樣的狀況下，生活的舒適度與之相協調，也就改變了漢中人的生活方式和生活理念——很顯然，經濟與社會的多元讓更多的人在這裡找到了發展乃至於創業的環境，這本身就構成了漢中的城市活力。

事實上，在未來漢中之前，在我理解的概念裡，漢中只是西部地區的中等城市，儘管無數次地從這裡經過，卻沒有停下來打望。但當你居住下來，你就會發現，漢中不屬於《蝸居》，也不屬於過去式——一度它成為陝西最落後的經濟地區之一。它儘管看上去有些緩慢，但在前進，從而，漢中是屬於現代式的。

這樣的劃分，可能不夠系統，不夠科學，但卻能表達出這樣一層看上去很通俗卻又恰如其分的詞語：我們，愛這城。

消失了的漢文化

一說起漢中，都會想起劉邦，說這是漢文化的發祥地。確實，在歷史上是有劉邦在漢中短暫居住的歷史，僅僅幾個月罷了，文化固然不是靠時間計算的，但是需要時間去流傳的。但由此說漢中有了漢文化，很牽強，至少對現在的漢中來說，不管是定軍山、武侯墓，還是拜將台、古漢台，都有多少是漢代流傳下來的對象，這且不說，單單一個虎頭橋，僅有遺跡而已，橋不見了，連遺跡也是後人根據記載「復原」的——至於那是不是歷史遺跡，依然是一個問號。

而在漢中，聽說最多的是漢文化的介紹，除了遺跡，還是遺跡，說實話，我沒興趣參觀，因為你看到的東西已經與漢朝無關——只是文化上的一種「保留」，保留了多少？不得而知。在歷史上，漢中三遷其城，現在的地方已經不是當初劉邦待的城市了。也不是諸葛武侯的地方了，更與歷史上那些名人無關——他們裝點了城市文化，成為了永遠的風景。事實上，我們對於這些景點只不過是旅行中的經典，只是我來了，我看了，我走了的過程而已，遠遠不是衝著那個人物去的，更遑論談什麼文化了。

這樣說，很多人可能不會同意。至少對漢中來說，漢文化是很重要的一塊，值得大書特書的事情。所謂漢文化是什麼？核心又是什麼？簡單的說，就是儒家文化。反過來說，儒家文化應該是漢文化，但很顯然這是兩個不對等的概念。不過，大家似乎沒興趣探討這樣的問題，或者說它本身就是一個偽命題。那興建中華漢城是要復原漢朝時候的建築嗎？但不難猜想的是只不過是復古的建築而已，對現代建築來說，其價值和意義都是不大的。至少對漢文化來說，既不是傳承，也不是復原，只是漢朝的偽建築罷了。而這對漢文化來說，可能是一種反諷或顛覆，其意義非常後現代。

不過，文化的傳承最好的應該是建築或日常生活。但從漢中的現狀來說，建築上早就失去了風格，日常生活還有多少古風猶存，麵皮什麼的似乎算得上，但古今兩者的差異和關係，也應該有些軌跡可尋，但在現實當中，你無法體味出哪一些還是屬於漢朝所獨有的，從語言上看，似乎也是如此。

不知道從哪一天開始，漢文化在漢中消失了。就連流淌了數千年的漢江也斷流了。真的是令人十分惋惜。如今，只能看見空曠的江底，掠過一些江風，在那裡，或許能感受到漢朝的風與今天似乎沒多大的差別。但對漢中來說，談漢文化不過是空談，或者說是懷想。其實每個城市都有自己輝煌的歷史，不特漢中如此。但對於歷史的態度決定了一個城市是否有文化姿勢——歷史如果是靠不住的話，那麼，漢中所傳承的是什麼，就更值得我們思考，套用時下的網路流行語來說，不要迷戀漢文化，漢文化只是一個傳說。

符號學上的漢中

我們已經習慣於標籤，乃至於標榜，一下子就能讓人記住，才是最重要的。如果老是沒人記得起，也就很容易消失在資訊的汪洋大海裡，如此來看含淚大師余先生的表演也就更透徹明瞭，就旁觀一下好了，儘管折騰，也沒什麼大不了。其實，諸如此類的事情在日常生活中也少不了。

某次，在火車上與人閒聊，說起漢中，有人好奇地問，是四川的嗎？從來沒聽說這個地方。這是不是有些誇張？遇到這樣的人，漢中人恨不得拿出一張地圖來，指點給人家看，就是這個地方——漢文化的發祥地啊，言下之意，作為受漢語教育多年的人——居然連漢中都不知道，這是不是過分了些？但沒有人覺得這很過分，這就像我們習以為常了我們日常生活當中的一些過分的事。

我的意思是，漢中缺乏一個標籤，或名片。哪怕是符號意義上的。這是因為我們生活在一個以符號來識別地理的世界，能看到一個簡單的對象，一下子就記住，那就OK了。比如西安有兵馬俑——儘管那不是屬於秦始皇的，也沒有關係，比如成都，各類符號就很多，好像你不管走到哪裡，都有一條路可以通達過去，比如重慶，亦是如此。但漢中呢？朱鹮是標誌，有多數人具有生物學家的水準，瞭解它的生活習性，或價值，那就漢文化吧，但這也不是一兩句話就能解釋的清楚的。再就是打造中華漢城，那是怎麼樣的一個世界，是新建築，不是老街區，說白了，是商業街區而已，買些土特產、名小吃，雜耍，這也沒什麼不好的，關鍵是這拿出去，能讓人一下子看上：沒錯，這就是漢中。

那麼，作為漢文化的發祥地，是不是有漢文化的古遺跡存在，是不是有一些古街區？但古遺跡因為人跡罕至，多少還保留了些，看上去不是那麼美觀，卻能揭示一段歷史的。至於說到古街區，已經三遷其城，那遺跡早不見了，而漢中人言必稱的東關正街——類似於北京作家老舍筆下的龍鬚溝，如果你說髒亂差是代表老街區的話，那我也沒什麼話好說了。如果讓外地遊客來這樣看看，這是什麼？無言解釋的吧。

不過，這都是次要的。城市符號學上有一點是關於日常生活的，那還是看看漢中人的日常生活吧。如果說慢是一種特質，漢中確實是一個慢城，生活節奏緩慢，工作效率緩慢……上海作家孫甘露說，比緩慢更慢。用這個來形容似乎更恰當一些的吧。

如此說來，資訊傳遞的速度越來越快，如何讓人快速記住這樣那樣的符號、標籤，才是解決問題的關鍵。事實上，很多時候，城市行銷學上關注的是如何將焦距聚集在一個符號上，這看上去很簡單，走起來，卻是如蜀道般曲折、艱難……

被斷航的漢江

有時候，歷史可真會開玩笑。今天的漢中熱衷於打造漢文化、水文化，漢文化沒啥好說的，很空泛。水文化是指漢水，也就是發源於寧強縣的漢江，這條江流經漢中、安康、十堰，可以直達漢口，在歷史上，有那麼一段時間，它成為漢中對外交通的重要樞紐，甚至於說漢中的手工業的一度發達也跟此有關。

漢中的交通是極度不發達的城市，鐵路經過漢中，只能算作是寶成線的輔線，似乎西成高鐵可以改變這一狀況，但可以預見的是極為有限，高速路雖然有多條，但還沒完全發揮作用，儘管很多人認為，這可能改變漢中的現狀，但很多人不大樂意承認，這只是一廂情願的事。航空，新的機場欠缺資金，還只是一個雛形，看不到更多的遠景，而老機場只有去西安的航線，侷限性很大。

那麼，水路上的漢江呢？從一九八〇年代，石泉大壩的修起，漢江就毫不客氣地斷航了，據說，現在漢江上下，有近九百座大小的水電站，固然這在很大程度上解決了水電的危機，但給自然生態造成的破壞則是不可估量的。有段時間，曾想做一期選題，對漢江的全程進行掃描式報導：自然的、生態的、人文的，但這就要直面生態的破壞，費力不討好，也許在政府那裡。

那一個流動的漢江現在只能依靠想像存在了。在所謂的打造一江兩岸的風景帶上，漢江依稀可以見到一些水源，但不是流動的，渾濁，甚至有些難聞的氣息，裸露的河床清晰可見——這還是依賴橡膠壩留存下來的，而在一九八〇年代全不是這樣的。那時候，漢江流動著，甚至可以直接飲用。在漢江邊散步，時常能聽到這樣那樣的描述，那是失落的表情。

斷航的漢江猶如被閹割的太監一般，只能是眼看著別的城市經濟起飛騰挪，那心底的慾望也就在現實面前，一步步的衰落了下來。也許在這個時候，最好的就是心理的自我安慰。這固然不能解決多少的實際問題，卻能滿足於精神上的勝利——至少能避免更大的失落。

有那麼一段時間，漢江也想恢復航線，直下漢口，但無奈的是，這樣的舉動能帶來多大的經濟利益，是最現實的考量，而水電站對經濟的拉動顯然比航線更直觀一些，更何況對現代政府而言，在經濟落伍的情況下，不是解決「百年大計」的問題，而是更直接關係到政績的。所以我們時常見到短視的政府，但也能看到長遠發展的政府。那麼，僅就漢江而言，也許丟掉的不僅僅是交通的問題，可能丟掉的是自信。

不過，漢江的斷航不斷航，對城市的過客來說，並沒有太大的影響。不像對漢中那樣，說是一刀致命傷也毫不誇張。斷航了的漢江，僅有的水系支持不了水文化，也談不上因水宜居——有時，人類還真是扯淡的可愛，沒有了的時候，才發現它的好。

美食，溫暖你的胃

如果喜歡一個城市的話，就是因為它能溫暖你的胃。某次的飯局上，朋友這樣解釋他的生活格調。這樣的論調我們時常在網路上看到。在網路上，關於美食的討論是經久不息的話題，當然，這是因為聖人所言，飲食男女，人之大慾焉。

在漢中這樣一個頗有文化的地方，飲食之發達是可想而知的，我在百度百科上查到十多種地方名物，全是關於吃的。而漢中的飲食文化當中，吃好是頂重要的一件事，因為每次餐畢，朋友總會說，吃好沒得？好在哪裡？對這個問題我曾仔細地思考過，似乎也無所得，無非是吃得舒服罷了。這舒服也是有級別享受的，簡而言之，低級的是填飽肚子，高級的是能享受美食，再高級的不僅僅是在享受美食，更是只有爽字才能形容的快感。

與朋友歡聚，是極為愉快的事，有美食，有美酒，有美女，那就更不得了，簡直就是大餐了。對一個喜歡熱鬧的好吃嘴來說，沒有比這享受美食更為重要的事情了。菜是一道道的上來，白酒突然顯得太激烈了些，那就來黃酒吧。所謂黃酒，不過類似於花雕之類的酒吧，後來才知道是米酒。這就放心了，可以大口喝酒大口吃菜，然後話就越說越大了。這樣的場合，總是讓人想起一些抒情的句子：溫一壺月光下酒，沒有月光的夜晚，那就來一碟小菜吧。

這樣的生活，看上去有些奢侈，至少能讓我們看到一個活色生香的城市，我猜想，如果把美食從生活當中抽去，那麼，日子也許就變得了無生趣，至少對我來說，將大打折扣的吧。好在，不管是在七十二行貴賓酒樓，還是在小館子，都能吃成不同的風景。歡聚的豪情、喝酒的豪氣總讓氣氛一浪高過一浪，總讓人一遍遍地想像，這樣的夜晚，這樣的美食，簡直讓人很容易醉倒的。

也許正因為這樣，在美食之間，需要比緩慢更慢的享受，讓舌尖慢慢地體味，讓味蕾慢慢地打開，如此，那文化就成了美食的因數，就溫暖了一個久旱逢甘霖的胃。

這麼說，並不是說漢中的美食都那麼好。有時，我覺得早餐是足夠惱火的——選擇的花樣不是很多，麵皮、稀飯、鍋貼、公婆餅、菜豆腐，好像也就這些了，遠遠沒有夜晚的豐盛，每次下班回家，邊散步邊打望各色館子，就連路邊的小店也依次開張，叫賣著不同的食物，在寒風中坐下來，來一碗溫熱的小吃，那可真是難得的享受了。每次，總不讓我失望，因為總能找到一款適合自己的飲食。

最近，看電視上的飲食節目少了，以前是看了之後總是忍不住自己動手，但現在變懶了，總是找這樣那樣的藉口推脫，這倒少了一些做美食的趣味，卻解放了身心，只能在心底想像著一個個菜品的形成，這最大的好處是有發揮空間，但這時，肚子總是不合時宜地叫起來。於是，電視不看了，菜譜也擱置一邊，好像四大皆空似的。

但我知道，其實，我還是多想在美食的懷抱當中享受那麼一下。

糾結的早餐

早餐，在我歷來簡單無比，無非是油條、稀飯、包子之類的，奢侈一點的來碗抄手、米線啥的，至於麵條，無論是哪一種，都是不大適合當早餐的。

不過，在漢中可沒這樣的慣例，早餐多少有些糾結，別的不說，最普通的就是被稱為漢中最具代表性的地方名小吃——麵皮。好吃不好吃倒是其次，關鍵是可選擇的餘地不多，要麼來一個土家公婆餅，又或者是鍋貼，大抵如此而已。某一天早上，散步到單位去，去文化街上尋小吃，有一家買油條的，盛油條的是平時腳踏車前部放的網籃，上面鏽跡斑斑，怎麼著都覺得沒胃口。又有一天，我走在漢台街上，一溜買古玩字畫的店，卻找不到吃的。

據漢中資深人士介紹，漢中普通的早餐就是麵皮，菜豆腐，或者來一份稀飯，一般是花生稀飯，或者是漿水——就是平常人家醃的酸菜，煮出來的水水，怪怪的味道，簡直是清湯寡水一般，更談不上有什麼營養。有的時候，我都覺得早餐可真是難以對付，如果來一份法式小麵包加早餐奶，看上去很不錯，但辦公室都吃鍋貼之類的，你這樣帶進來，多少有些入鄉不隨俗的概念，那是脫離了人民群眾的行為。有時看見路上有吃東西的美女，就想過去搭訕，卻又無比懼怕自討沒趣的挨批，只好餓著肚子像狼一樣四處搜尋獵物——那種被稱之為早餐的東西。

被隆重推薦的麵皮是米麵在蒸籠裡一張張蒸出來的，一張剛好夠一份，拌上諸如辣椒、豆芽，以及蔥、蒜之類的調料就可以吃了，很多店子都是為了少洗碗，墊上一層塑膠薄膜，不知道乾淨不乾淨，好像也沒人關心這個。不過，在漢中這地方有時很古怪，一樣的麵皮在不同的地方卻能賣出三種價格：兩塊、兩塊五、三塊，老闆解釋說這跟房租大有關係。這道理可能很多人都懂，但總覺得漢中人不是那麼厚道，在吃上面，談不上精緻，胡亂能對付過去就完事。

因了這一層關係，對漢中的性格多少有了些不同看法，當早上醒來的時候，就在想早餐去哪兒吃。有次終於發現有個可以吃稀飯的地方，而且種類有三四種，吃過一次，印象還不壞，就想著以後可以定點來吃早餐了，那可真是太幸福了。一問服務員，人家說，我們不賣早餐。得，這早餐還得繼續尋找去。如果早上早起一點的話，自己做早餐也未嘗不可吧。有了這樣的想法才發現自己差不多一個多月沒進過廚房了。這麼些日子的早餐是怎麼解決的，我一時也想不起來，不過肯定也好不到哪兒去，畢竟我還沒老到連一個月之內發生的一些事那麼輕易的忘記，至少在對待早餐的問題上我是認真的。

卷四　細部

小城市的情調

理查・威爾遜在《假裝的藝術2》中問：我們到底去哪裡尋找快樂？選擇在布拉格讀懂卡夫卡選擇摸老虎屁股體會心靈交流選擇在心上人面前用鞋喝酒選擇鮑勃・狄倫選擇公民凱恩選擇尤利西斯選擇追憶逝水年華選擇在世上最棒的餐廳吃飯選擇在奧斯維辛集中營待一天並且發誓不會忘記它？

不過，快樂並不取決於你到過多少地方，擁有過、看到過多少東西，而在於得到你想要的東西。

固然如此，在我們的身邊也有這樣的小城市，它們小只是面積相對小而言，在文化、飲食方面，亦有獨特之處，比如攀枝花，有鹽邊菜，有傳統文化，儘管是移民城市，但新的城市文化還沒有完全形成，而像閬中、樂山和甘孜，均有可遊玩的地方。

事實上，每個城市都有自己的文化和情調，這需要我們放慢腳步，去發現。熱門的城市和非主流的城市之間雖然有東西相連，但這無妨我們以自己的視覺去圍觀。而在城市的情調中，最為重要的是那些細節，它們隱藏在城市的肌理中，「品味，是一種張揚的情調。」詩人谷立立說。

小城市的情調在於發展速度慢一些，生活節奏自有其規律。一般來說，小城市具有這樣的特點：高樓最好少點；生活壓力小，閒散舒適宜居，有點小情調；當地居民愛穿著打扮……這對外地人來說，或許會有一種異樣的情調，怪怪的，酷酷的，卻是給人一種很受用的感受。

在這裡，我們從不同的角度去看這樣的小城市，儘管這也是粗線條的，卻能在匆匆的步履中，停下來打望一番，或許會發現有什麼不同，這就夠了。

詩人袁勇說，閬中，散發著真正意義上供人棲息的味道。在四圍山光三面水色的孕育下，古城的民居院落，完全按風水格局展開，風水，成了這座古城的靈魂。世居這裡的人們，對這裡的一亭一閣、一街一巷、一磚一瓦甚至一顆樹一朵花，都能嗅到令人靈蕩神飄的氣息。的確，這裡有高大堅挺的古銀杏，有遍佈時空脈絡的榕幹虬柯，有超過百齡的海棠羅漢松，與成珠成串大院小院相應成趣，組成了古城百姓詩意棲居的鮮活樂園；那些雕花門、木格格窗、星羅棋佈的天井，把潔淨的自然誘到青花茶碗冒出的龍門陣裡、烙進老少安寧恬美的睡夢之鄉。這裡還時興走院串戶，嘘寒問暖，一聲聲叮嚀、囑託的質樸鄉音，像牆頭串連的藤花，把人心釀進濃密的馨香裡。這裡青簷碧瓦下的房舍清淨古樸，只要白天能頂從天井流瀉的天光，夜晚能枕從木格格窗飄進的月色，人們就滿足了。要想更多的消受，簡單啊，一腳跨出去，邀三兩親朋坐到江邊，一張木桌，幾碗青茶，看山聽水，瞑目賞歌，哪個美啊，說出來都便宜了你。

原生態、小調，這樣的細節所繪成的城市，不奢華，不喧鬧，而這才是令人羨慕的所在。

一座被忽略的古城

很久以前，我就聽到過這樣的說法，中國有四座最著名的古城，分別是雲南的麗江、山西的平遙、安徽的歙縣和四川的閬中。前三座古城的名氣實在太大，以至於連片刻的寧靜皆不可得，倒是這川北的閬中一直久聞其名，卻未見有多少報導。

當車子駛入川北腹地時，兩岸的道路也變得險峻起來，李白所吟誦的「蜀道難」，指的就是從川北到陝南的這條通道。閬中東枕巴山，西臨劍閣，嘉陵江水三面環繞，由於位於閬山閬水之間，這座小城得名「閬中」。

目前殘存下來的明清古城，緊鄰嘉陵江而建，這裡在過去屬於老閬中的南部，想必是極繁華的，因為杜甫在旅居閬中時曾有詩言：「閬中勝事可腸斷，閬州城南天下稀」。

今天的閬中古城，早已為現代建築所包圍，但就是那保留下來的幾條老街，卻仍然透露出古樸的韻味。與麗江、平遙等地的喧鬧相比，這裡的節奏明顯要舒緩許多，古街上雖也有不少店鋪，但店主人大多會做些閒散生意。平日裡閬中的遊客並不算多，因此經常是正午過後，商鋪才姍姍開門。在閬中旅行時，我會陶醉於這古街上的氣氛，不管外面的世界如何紛忙，這裡始終不溫不火、懶散悠然。

張飛廟坐落於古城的西街口，堪稱閬中的標誌性建築。張飛是在閬中遇害的，他的部下砍下他的頭後，將頭顱葬於重慶的雲陽，而閬中的張飛廟裡只有一具無頭屍身。張飛廟在歷史上幾經焚毀又屢次修葺，足見人們對張飛的崇敬。據說在「文革」時，曾有人跑到張飛廟來盜墓，不料天空中突然響起悶雷，劈壞了祠內的一棵古樹。如今，這棵樹雖枯死卻依然挺立，不少人將其視為張飛的化身。

我在老街的商鋪裡，看到一種當地產的「張飛牛肉」，有三四種不同的口味，嚐起來相當不錯。在很多人的印象中，閬中因三國而聞名，但實際上，這座小城也有不少其他掌故，這裡是一座不折不扣的文化重鎮。

閬中古城的民居，是過去保留下來的老房子。一九四九年前後，這裡曾經有大小街巷九十一條，體現了唐、宋、元、明、清不同時期的風貌，有半數以上被保留到了今天。與國內的其他古鎮一樣，閬中人也會把自家的民居改造成旅館，但由於平日的遊客較少，因此住在這裡，你會感覺到別處所沒有的靜謐。目前，古城裡保存較好的民居有杜家大院、馬家大院、張家小院等十幾套老宅，它們大多古意盎然，特色十足。我最喜歡在清晨時分走在青石鋪就的小路上，看兩旁的烏牆黛瓦，直到日頭升過嘉陵江對岸的錦屏山。

中國古代的城鎮大多依風水格局而建，而閬中古城是我國目前唯一保留下來的按照唐代風水理念修建的古城。由於閬中四面環山，三面臨水，按照專業的風水學的眼光看，古城的地理格局兼備了「龍、穴、砂、水、向」等「地理五訣」。此外，它以蟠龍山為鎮山，錦屏山為案山，體現了「玄武垂頭，朱雀翔舞，青龍蜿蜒，白虎馴俯」這一風水意象，不知是否由於古城的絕佳選址，閬中自古文士頗多，官運興盛，自唐宋以來，四川共有狀元十九人，閬中就獨佔四人，此外還出過一百一十二位進士，這些都堪稱巴蜀之首。

在今天的閬中郊外，還保留有袁天罡與李淳風的墓葬，這兩人都是唐朝著名的風水大師，卻同時選擇葬在了閬中，墓地遙遙相對。二者的葬身處也成為性靈之地。

在上華街和下華街的交叉處，有一座三層的華光樓，它在古時是閬中的最高點，用來鎮壓閬中城外的嘉陵江水。今天，你可以登上這座小樓，仔細俯瞰一下古城的佈景與格局，這裡面包含著無窮的文化意味，讓你不由得感慨不已。要知道在過去，閬中還有個名字被喚作「閬苑」，而在中國傳說中王母娘娘的住所，就被人稱作「閬苑仙境」。

在甘孜吃喝玩樂

確實，甘孜的印象不深，總覺得這樣的城市可以遊玩的不多。所謂甘孜，一般說的是甘孜州，下面還有一個縣叫甘孜縣。這「甘孜」為寺廟名稱，在藏語裡意為潔白美麗的地方，擁有一千三百年建製史，因五世達賴弟子霍·曲吉昂翁彭措在此創立第一座格魯巴寺廟而得名。

且說這甘孜縣，位於全州「南北兩條線」的北線腹心地帶，境內四條旅遊線使甘孜這顆「高原明珠」更加璀燦奪目：東至東穀探究熠熠生輝的藏傳佛教文化；西往絨壩岔盡享神韻無限的雅礱河谷風情；北上達通瑪領略品位超然的草原風光、西北抵扎科體驗驚險的探險漂流。境內藏傳佛教五大教派俱全，宗教文化淵源流長，有省級重點文物保護單位白利寺，康區黃教第一寺——甘孜寺，歷史悠久的大金寺，文物價值連城的東谷寺，全縣共有開放寺廟三十五座。藏區著名神山——奶龍山，自然風光獨特，傳說神奇。扎日擁康神山空靈毓秀。雅礱江畔地熱沙浴（溫泉）坐浴治療皮膚病、風濕病、感冒療效極佳。

然而，在甘孜縣遊玩的地方並不是那麼多，在甘孜州，遊玩的地方就多了去了，隨便說一個，都能震的住，雪山之王貢嘎山，如果冬季積雪不是太深，就騎匹瘦馬迎著西風走在康東茶馬古道上；或到三岩龍鄉的長海邊，一個人靜靜地躺在湖畔，可以長久地凝望梅地貢嘎萬年雪山，看它在蒼茫雲海間冷然出世，傲然屹立；再傾聽空山谷回風，如琴瑟古韻，千古絕唱，那是一種極蒼涼之境界。這是旅遊指南上經常可見的地方。巴塘措普溝、九龍伍須海、營官藏寨，都堪稱好玩之處。

這裡所說的好玩不是通俗意義上的好玩，而是帶點意境或者說詩意上的，它區別於通俗意義上的旅遊，上升到旅遊哲學的高度。歌舞、踢踏、弦子、歌莊、藏戲、書法、繪畫、雕刻、泥塑聞名遐邇，不僅如此，在甘孜還能體驗佛學的博大精深，修禪的最佳去處，便是德格印經院。

在甘孜遊玩，飲食自然以地方特色為主，其中，白菌產於海拔四千兩百公尺以上的少數地方。生於草叢時呈金黃色，曬乾即為白色。每年只有八月中的幾天裡可以撿到，時過不見蹤跡。白菌蓋小肉厚柄短、氣味清香，曾作為「貢品」專奉清庭。丹巴豬膘，過冬至節後殺豬，去頭蹄、去內臟，將整頭豬一剖為二，放至大鍋

相會在攀枝花下

沒去過攀枝花的人，總覺得那是典型的資源開發型城市、工業城市、移民城市、山地城市。沒啥好玩的，成都坐飛機過去，全價一千兩百元；坐快速列車，要十五個小時，這樣的距離對於上班族、窮忙族來說，實在是不短的距離。

看旅行指南，到了攀枝花可去的景點有二灘、紅格溫泉等等，二灘就一水電站，可以看看的不多，如果研究水電站和生態環保問題，倒是不錯的樣本，不過，你可以去二灘國家級森林公園和國家級蘇鐵自然保護區，享受森林的魅力。像大黑山森林公園和米易望月樓；有三國蜀漢丞相諸葛亮率兵南征，渡金沙江的五月渡瀘遺址和原始森林景區；其實，專門跑過去看，奢侈了些，至於龍潭溶洞、紅格溫泉，大概所謂特色，也是一種想像的空間。

可這不等於說，攀枝花就沒有多少可以遊玩的地方。對博物學家來說，至少有攀枝花蘇鐵可以看，它與自貢恐龍、平武大熊貓被人們譽為「巴蜀三絕」。有意思的是，說這裡有一棵攀枝花樹，關於其發現人，爭論不休：有一種說法，稱攀枝花是法國人李克列（M. A. Legelete）於一八九九年發現的。現地質科學院名譽院長黃汲清教授曾托人查閱了國內現存的外文資料，結果是毫無根據。現在地質界公認是我國著名地質學家常隆慶教授發現的，其實這是誰發現的，對普通背包族來說，並不是最重要的。

那天，跟幾個人在文殊坊喝茶，看硯臺，是苴卻硯，我還曾在舊書攤上看到過它的介紹，苴卻硯是中國「四大名硯」之一，它集中國古「四大名硯」之優點於一身，傳諸葛亮當年曾在此喜得七星硯，可見其歷史久遠。不過，統苴卻硯於民國初期失傳，我們現在所熟悉的苴卻硯實際上是二十世紀八十年代由老藝術家羅敬如歷經三十多年苦苦尋找後重新開發的新品苴卻硯。這或許對硯臺有興趣的可以去一觀。

如果是漂流一族，可以參加萬里長江第一漂，至於漂流的感覺嘛，現實中的漂流遠比想像的更為刺激一些。

美食家在攀枝花可以尋找到鹽邊菜，鹽邊菜基本上代表了攀枝花本地飲食特色，油炸爬沙蟲、油炸蜂蛹、乾巴牛肉、坨坨肉、二灘銀魚烘蛋、養生蕎麥粑都是鹽邊菜中最具代表特色的菜品。位於市區炳草崗的花城中街是攀枝花的好吃街，也可去看看，成都也有家大筰風酒樓，供應鹽邊菜，不知道味道是不是很正宗的那種。以下三條內容來自百度百科，食者需要自查：

塊菌：攀枝花是我國塊菌天然分佈的中心區域，但近年來野生塊菌面臨掠奪性開發，產量逐年遞減。塊菌也就是人們常說的松露，是目前世界上最昂貴的食用菌，號稱「林中黑鑽石」，攀枝花是我國最大的塊菌核心產區。

爬沙蟲：廣翅目、齒蛉科昆蟲幼蟲。俗稱「安寧土人參」，產於雅礱江支流安寧河的乾熱河谷，攀枝花市盛產。爬沙蟲白天喜歡躲在陰暗的地方，夜間出來活動。在繁殖期間，成蟲在靠近岸邊的卵石隙縫中產卵，在適宜的濕度和溫度條件下（攀西地區的乾熱河谷，就特別具有這種條件），卵被孵化成我們通常說的爬沙蟲。爬沙蟲又有「動物人參」美譽。

油底肉：這是遠古時候居住在「筰都夷」的筰人，為在炎熱的夏季防止豬肉腐爛變質而研製的一種對肉食品保鮮的儲藏方法；其加工製作方法也非常簡單，將豬肉切割成一斤左右的塊狀，待鍋裡的豬油燒沸後，把切好的豬肉放入油鍋中，放入適量的食鹽，待肉中的水分煎熬乾後，將肉取出放入備好的陶瓷罐內，再將油倒入罐中，油底肉即成也——這油底肉說來也還真有

茶香徐徐道耳語

逛會理古城，看的不僅是街道，也有建築，以及街上來往的行人，操著不同的方言，跟來往的遊客搭訕，也是別有風味的。出了科甲巷，就能看到的一座古色古香，獨具特色的城樓就是會理現存最古老的建築——北門城樓。

這北門城樓可是會理保存下來歷史最悠久的文物保護單位，它始建於明洪武三十一年（一三九八年），清道光二十一年（一八四一年），因北門內民房失火延燒北門城樓，知州何咸宜主持修繕，懸匾命名為「拱極樓」，樓名典故出自孔子的《論語》，意思為四方歸向，眾星拱護。不過，現在到北門古城樓上喝茶，可不僅僅是在緬懷過去，而是會理人慵懶生活的一種方式。

成都老橡樹樂隊的主唱趙青曾說，「城市再大，地球再喧鬧，但總有一處能夠讓心靈安靜的地方。對於我來說，那個地方就是小城會理。每次我一回去，整天什麼都不幹，就坐在古城樓上喝茶都可以。我覺得會理有一種緩解情緒和壓力的味道和氛圍，讓你待上十天半個月也不會覺得厭倦。」而音樂房子的老總陳滌由於太喜愛在這城樓上喝茶，乾脆就在它的旁邊搞了一個叫「上茶下院」的四合院，了卻喝茶的念想。

那天，在步上古城樓的時候，我忽然想起了岡倉天心在《茶之書》中說，「腳踩乾枯的松針、從長滿青苔的花崗岩燈籠旁悠然經過，心靈超越世俗、自由飛揚」。哎呀，那種說不出的飽滿與快樂，是多麼令人開心，這一下，喝茶就多了一種味道，但這一層飲茶美學，或許才是喝茶本身所留給我們的快樂：一杯茶，幾句話，卻也真勝過那穿腸烈酒。

在北城樓上喝茶，喝的不是簡單的茶水，而是對會理自然景觀和人文景觀最為直接的觀察。把自己窩在籐椅中，遠處是連綿起伏的大山，眼下是模糊的市井，心裡不著邊際地想著事情，手中的茶也會變得不普通起來。當然，這是一種境界，但對我而言，這還不夠豐厚和綿長，最好的是自己帶上會理特有的「綠陶」，茶不管是不是高貴，都鋪陳成一種風景：淡雅、不乏生動，而綠茶的香氣和綠陶則慢慢地融合在了一起，成就了另外一個藝術世界。如此，不免讓人懷疑歲月在這不經意間就忽然老去了，太陽剛剛西斜，照在古城的街道上、建築上，那也是深具歷史的美感。

不僅如此，在這古城樓上的茶館喝茶，我都擔心自己過於迷戀，忘卻了塵世間的種種故事。這裡的幾家茶館風格差異說起來可也不是很大，絕不是張愛玲筆下的「沉香屑」，也沒歷史的感覺，倒是很容易懷想起遠遠近近的歷史風景。有好多次了，帶著朋友來這裡喝茶，好像每次都是一種戀愛，有一種激情，卻又不喧嘩，安靜之中享受一個個下午。我猜，在那些大城市裡也無法體驗到這樣的一種情感交融的茶趣吧。

要說在古城樓上喝茶，最為瘋狂的是一位朋友，從成都直奔會理，上古城樓，泡一杯茶，就坐在那裡，看落日。「哎呀呀，這可真是奢侈。」但對會理人來說，喝茶嘛，都是喝一種心境，看街景，打望行人，要的是那一份自然，不施粉黛。太過奢華，到底也不是會理人的風格。

喝茶的種類大致可以分為：清新野趣、閒適人生，又或者是享樂主義，在乎的是視覺與心靈的調和。想來，我們在古城樓上的喝茶是不是這種境界呢，好像是，又好像不是，但我知道的是，喝茶的妙處在於那無邊的風華，彙集成「或在圖像上、用器上創造華麗或優雅沉斂，或用方便善巧單壺孤杯陳列儉樸的茶席，或以瑰麗滿席的茶壺、杯、托……茶器加上花器的幻化，來滿足豔麗的豐盛。」

那麼，在累了的時候，或在厭煩了生活中的種種不如意之後，不如上古城樓看書吃茶去。

雨中訪尚書吧

去深圳當然要逛一逛深圳書城——這是亞洲最大的書城了。有進口書店，亦有設計書店，更少不得各類的小書店。也有流動的美術館——雅昌藝術展。

六月的雨出乎我的意料，昨天還是晴的好好的呢。書友鍾二毛在吃過早茶之後，又要趕去上班，就將我帶到深圳書城，然後獨自溜達。看了半天的書店，才恍然想起，不能不去尚書吧。當然，這家久聞名於江湖的書店，不知道引了多少文人墨客過去。我在一樓找了半天，居然沒發現，看樓層標示，原來是在書城的一側，如果不是很留意，怕是很容易錯過了。

外面的雨淅淅瀝瀝地下，似乎無休止。這樣的時間，大概是泡書店最好的方式了。書店的門口有尚書吧三個字，不是很醒目，似乎要的就是如掃紅所言的「低調」，進得書店，在書店左側有若干書架，上面陳列著舊書多多，而進門的桌子上則放著掃紅的《尚書吧故事》、有「大俠」之稱的胡洪俠的《書情書色》，兩冊書早已探入囊中，別處尋來，阿城、邁克、張大春的書當然少不得。邊翻書邊跟店員聊天，時間似乎過得很快又緩慢。等到兩點過，給OK先生短信，沒回。去年換了電話，好多人都失去了聯繫啦。等了一陣，電話過去，一報上名字，他就說，在哪兒呢？尚書吧。你看看有誰在？有空見見面。我把電話交給店員，然後，旁邊一個吃東西的女子說：「你找大俠，什麼事？」我看了看說，也沒什麼事，就是見見面。然後說了一通，電話轉給女子。

「朱曉劍，原來是你呀。我是掃紅。」她熱情的說。

呵呵，原來這就是著名的掃紅，記得最多的是旗袍裝的她，哪兒曾想過她是便裝，上次到尚書吧的楊璇同學不是說，見到一位穿旗袍的女子，應該是掃紅，可惜沒見面。

然後，就坐下來，聊天，喝茶。外面的雨一直在下，偶爾有客人走進來。但相比大書店，這裡冷清了些許。氛圍是古樸的，那些舊傢俱總讓人懷想起某些發舊的故事。我想打聽一下諸如馬刀的故事，後來還是忍住沒問，因為掃紅開始在旁邊的一張桌子上練習書法了。

在這樣的氣場裡，最相宜的就是來一杯咖啡，一冊書了。於是就讀蔣勳的《孤獨六講》，很是喜歡他的文字風格，以前也買過《舞動白蛇傳》、《天地有大美》。不過，讀他的書是需要一個靜靜的環境最宜，有舒緩的音樂再好不過，沒有的話也無妨。於是，這下午的時光就在這不知不覺中充溢了起來，甚至有些人生浮華的印記了。

當然，臨走的時候，總是不能空手而歸的吧，那就來一冊阿城的《威尼斯日記》（麥田出版）。至於掃紅的《尚書吧故事》還是等她來成都簽名好了。

雨還在下，小了點，不由得想起了詩句：時間凝固了書香／醉了／午後的夢幻時光。店裡陸陸續續有客人走進來，品酒、咖啡、論詩，成都儘管有「中國的書房」之稱，但這樣的書吧，還是少見了些。

笑遊閒賞記

前幾天跟冉雲飛、宋石男幾個人一起喝酒，就想起了上次深圳之行，沒見上書友笑遊閒賞兄。那天給他打了好幾個電話，都是無法聯通的，還一直納悶，這傢伙去哪兒去了？上次在網上閒聊時還說，你到深圳的話，來我家住，我可以去機場接你。感謝感謝，委實太麻煩啦。想著活動方已經安排了行程，就如此說道。

於是，就問冉兄，也許酒喝得不少的緣故，他的聲音有點渾濁了，你不知道嗎？五月份，他走了，出的車禍。確實，我不曉得這事，當時電話打不通時，我還在想，是不是因為他的藏書犯禁了（他收藏了不少禁書的），就出了什麼事。若去外地的話，手機應該不會關機的吧。沒曾想是這樣的事。我又問了一句，彷彿是確認這消息的真偽，我也知道，冉兄不會如此開玩笑的，一陣悵然不由得從心底飄起，就猛喝了一口酒，似乎想排解一下這資訊的可能。

那天，吃飯時，跟深圳的書友還說起他，他們記得曾經一起活動，一起喝酒，似乎沒留下電話什麼的，後來估計也是見的少，所以想不起來了吧。回來後，在網上查看資訊才知道笑遊閒賞兄在家中操大盤，實乃股界高人。北人，豪爽異常。五月中旬遭遇的車禍，終年四十八歲。

說起來，跟笑遊閒賞接觸大概是兩三年的舊事了。那時候，我剛在孔夫子舊書網上開一家舊書店。然後他買了一冊書，還引起一段誤會，後來，隨手記下了如此的文字：

書友笑遊閒賞訂了兩冊書，然後他給我電話，我說收到匯款後即寄書過來。剛好第二天，朋友在外地組織一詩歌活動，非要參加不可。而我留的電話是小靈通，只能在成都用，笑遊閒賞第二天打電話怎麼都打不通，於是就在網上發帖質疑書店的真實性。我一去外地三四天，沒有來得及上網，自然不知道這些事。回到成都，看到論壇的消息，很是驚詫，趕緊給他聯繫，給網站客服解釋，等查到匯款到帳以後，把書給笑遊閒賞寄了去。幾天以後，他在收到消息後給我發消息說：「非常感謝 書收到了！希望消除誤會，多多往來！另外幫我關注一下《詩苑譯林——北歐現代詩選》北島翻譯的一九八七年湖南人民出的！謝謝！」

那是二〇〇七年一月的事。後來加了QQ，就時不時聊上幾句，有時幫忙代找一些書。但他尋的書基本上是屬於不再出版的一類書。當然，這樣的書數目不是很龐大，因為不再出版，總是很難遇到，比如說老威的書、王怡的書，總是很少見，哪怕是在舊書攤。正因為對書有共同的旨趣，所以總是時不時聊上那麼幾句。

有好多次，他說，你什麼時候有時間來深圳看看？可以住在我家裡的。我只能說，感謝感謝，因為自身的緣故，加之有這樣那樣的牽絆，總不能抽身出來到處走一走，看一看，倒真是羨慕旅行家有那麼的時間可以花費在旅行之上，那才是真正的笑遊閒賞了。

人生總有不少的意外。所以，這才會有憂傷，有喜悅。但遺憾似乎總是在不經意的出現。原本計畫的深圳之行是在四月底的，但活動方把時間改到了六月初，如此相差了一個多月時間，想不到居然因此錯過了見笑遊閒賞兄，這遺憾是無法彌補的，更是令人心痛的……

那麼，寫下這樣一篇文字，追記笑遊閒賞兄，但願在天國的笑遊閒賞兄有好書相伴了。

在故鄉的紙上行走

以前，在家鄉時，總覺不出她的好，儘管是故鄉。面朝黃土背朝天的日子中，沒有山，倒是有河，在溝渠中多少也算有些波瀾壯闊的了。來往河上的船隻，少而破敗，看上去很不爽。

前段時間回到家鄉，依然是不怎麼樣的街道，那家老汽車站也是舊日的模樣。當年我從這裡出發坐汽車坐火車，遠遠地離開她，到了紅粉之都的「成都」。好像從此就換了個新天地，過上新生活。可經過了那麼些年，回去，沒有新鮮感，倒有種陳年老酒一般的親切感了。

在成都，一晃就是十年。我把大好的時光都扔在成都了，哥們兄弟的稱呼也越來越多了。但我說的話還是鄉音，至今沒改變。要說成都話，也類似於「川普」，這種話語是要被人稱為「鳥語」的。我說不來，只好是地道的安徽話。這讓我想起了詩人于堅到美國朗誦他的作品，用的是漢語。我覺得很拽。當我回到老家，我依然在說家鄉話，也是很拽的事情。因為不少人離開了家，都忘記了家鄉話，說的話不知是哪方的話，聽著怪彆扭的。以前，我在家鄉時也想說一口這樣的話，好像一說出別人聽不懂的話，就是見過世面，就是江湖老大似的。年紀日趨老大，這樣的想法對我而言多少是可笑的。

在成都，我若說起是安徽人。他們準說，你們那兒的文化深厚啊，桐城派胡適之陳獨秀都是了不得的人物。確實，他們是安徽的先賢，但我沒有想去他們故居看一看的意思。回到老家，時常有朋友邀請去看一看，我都沒去成。

走在家鄉的路上，我一直在想，我有沒有必要去看一下安徽的山水風光，去看一下人文景觀。或說是對其瞭解得不夠多，這樣匆忙去看是不適合的。所以，每次回到老家，幾乎都是住在某一個地方，安靜地呆那麼一段時間，如果運氣夠好的話，就找來一些當地的文史冊子，沉浸在老故事中。我的一位朋友在整理安徽女詞人的舊事，許多女詞人在她的筆下活了過來，活出了自在。這項工程對許多人來說，可能是沒多大意義的事，但對家鄉文化而言，則是不可缺失的一部分。在那些女詞人的詞句中，我彷彿看見了舊日的時光，對於身處都市的人來說，在這些紙頁上旅行，是很不錯的主意，何況更能透過歷史，看出更多有意思的事。

這些年，因為職業的緣故，常常讀到一些安徽的故事，這樣那樣的歷史交織在一起，總讓我覺得有些激動莫名，比如我曾讀到西南聯大的學生輾轉到西南讀書，經過阜陽、界首，因為戰事在這裡停留了下來，然後又繼續行走。這樣的資料，對今天的我們來說是陌生的，也是新鮮的。可至今只有在當事人的回憶錄中才會讀到，如果挖掘一下，也是一段難得的史料。

這樣的閱讀很多，雖然有時是一種冒險，可能一冊書讀下來也不會有多大的收穫。好在這對一個喜歡閱讀的人來說，這樣的經歷是獨特的，也是大有含義的。比如去旅行，我更樂意在紙上，儘管在實際旅行中可能遇到更多更有意思的事情。我想這不僅是個人的問題，也是工業時代的後遺症所表現出來的。

如果說去名人故居、看山水風光是旅行的話，而回到故鄉，對我而言也是一種旅行。因為它不僅包括了過去，也包括了未來。更因為在那裡可以隨意停下來，安心度過那麼一段時間，也是極為快樂的事。

詩意的洛帶

去成都東，不過十數里路，即抵達洛帶，是離成都最近的古鎮。而說起洛帶，其歷史很悠久了。三國時期建鎮，民間有傳說，蜀漢後主劉禪的玉帶落入鎮旁的八角井而得名「落帶」，後因「落」「洛」同音，後人取鎮名為洛帶。唐宋時，洛帶隸屬成都府靈泉縣，排名東山「三大場鎮」之首。洛帶鎮俗名甑子場，是成都東山五場之一。近年來，更是著重打造藝術重鎮，藝術糧倉、創庫等將帶動千年古鎮的文化復興，可以說是古鎮的一個樣板。

西蜀客家第一鎮

客家人遍佈全球，總人口達八千萬以上，形成了獨特的客家文化，而東山客家之重鎮洛帶，越來越受到更多的人關注，就在於洛帶聚居了大量的東山客家人。至今生活在這裡的人們，都是清朝「湖廣填四川」的大移民潮從一東福建遷移而來的客家人。當年的移民，沒有現代的交通工具，他們「攜家室，負餱糧，跋山涉水；櫛風沐雨，數千里不畏艱險，負擔奔走；夜宿祠廟、岩屋、山洞，取石支鍋，拾柴做飯」嚐盡了遷徙的艱辛。至洛帶，又開始了墾荒種田，搭棚建屋，「勤勞稼穡，貿易江湖，披星戴月，辛苦備嚐」的艱難創業。三百多年來，客家人在這片熱土上繁衍耕耘，將這裡建設成了遠近文明的花果之鄉，更為可貴的是他們頑強的傳承著自己的客家文化，使得洛帶古鎮至今保留著客家人的鄉音、鄉貌、鄉情、鄉風，也有一家客家博物館記錄客家的文化傳承。

洛帶所聚集的客家人，以及其所形成的客家文化，在西部地區是最有特色的，因此有人把洛帶稱為西蜀客家第一鎮。可見，洛帶在客家人眼裡有著怎樣的地位了。四川大學旅遊學院楊振之教授在《風景的文化記憶》裡寫道，「有人說，客家人是中國的猶太人。但究其根本，客家人並未失去家園。有人說，客家人向西部的遷徙類似於美國的西進運動，經濟意義雖沒有那麼明顯，但文化意義有過之而無不及」。並且「當我看到龍泉山上那些原汁原味的客家民居、客家人聚落時，當我聽到大人、小孩說的客家語時，我就產生了一個想法，讓這樣的客家村落永遠地留存下去，不要受到現代文明和都市化進程的破壞」。雖然現在的洛帶經過旅遊開發，卻有一個客家人聚落的保護區，讓客家文化永遠地持續下去。

獨特的建築文化

洛帶保存完好的除了客家文化之外，還有獨具特色的客家建築，洛帶鎮有國家級重點文物保護單位——四大會館（廣東會館、江西會館、湖廣會館、川北會館）、千年老街、客家民居、客家博物館、客家公園、燃燈古寺均保存完好，總面積達兩萬餘平方米，是我國古代建築「大觀園」中的一支奇葩；景區核心部分呈「一街七巷子」（分別為老街、北巷子、鳳儀巷、槐樹巷、江西會館巷、柴市巷、馬槽堰巷和糠市巷）格局，空間變化豐富，街道兩邊商鋪林立，屬典型的明清建築風格。

整個「一街七巷子」是一個完整而封閉的防禦體系，若將所有巷子和街道的大門全部關閉，裡面的人是完全無法出來的。而這是客家先民長達千年遷徙智慧的結晶，是客家圍樓建築特點的演變、發展和傳承，這在全國所有客家古鎮中是絕無僅有、獨一無二的。

漫步在洛帶，「一街七巷子」、「五館一園一寺」形成了整個洛帶古鎮的旅遊觀光畫面，融合了移民、會館等元素的客家文化是洛帶文化的主流，客家人、客家話、客家建築、客家風俗一起構築了一道獨特的文化風景線。

漫步洛帶

如果說，現在的古鎮開發大多呈商業開發的狀態，那麼洛帶所帶給世人的既有商業的，也有傳統的，更多地體現則是客家文化的創意，而漫步在洛帶，令人欣賞到的不是單獨的旅遊觀光，而是居遊的概念了。

確實，如果匆匆地從洛帶走過，即便是品嚐客家美食，看了四大會館，是無法觀察到它的文化豐富的，更不要說去查看客家文化所依存的日常生活的細節。台灣著名的客家籍女作家張典婉在洛帶觀察之後說，洛帶所保留的客家文化是不可複製的，他們所沿襲的是客家文化的傳統，又有所創新，客家文化的最大特色是生活的智慧，台灣的客家文化跟洛帶有許多相同的地方，在與地域文化融合的過程中又呈現出了不同的地方特色，而這也是客家文化的開放所體現的活力。

在洛帶，聽一聽客家話，而客家童謠傳承的就是一種文化了，比如「月光光，秀才郎，騎白馬，過蓮塘」，「阿鵲叫，來報喜。不報別的喜，只報你家內外有規矩」，「春來百花嬌，日出蒙露消；窮人不消焦，勤儉忠厚會翻梢」，再品嚐一下客家小吃，看客家文化與現代融合，行走在這傳統的古鎮上，也就能望見一座古鎮的歷史文化和現代文明交相輝映。

路上書

出門旅行，看似簡單而又好玩，但總是心裡有所惦記，不是怕一路上不是很好玩，而是一路走來，如果僅僅是吃喝玩樂，那似乎也是很沒勁的事。出行還是要做點更有意思的事，那就是帶一冊書了，書不必太厚，太厚的話，坐車捧讀也是力氣活，退而求其次，就是薄書，這薄一是書一兩百頁，二是內容豐富，符合這些條件的書不多，勵志類的不考慮，通俗歷史過於浮躁。凡此種種，都不大考慮，因為看完隨手就扔的書，大可不必帶著上路。

說起來這路上書選起來很簡單，在書架上隨手抓一冊即可，但這樣一來，如果跟旅行的不相宜的話，那可能一個假期就毀了，上次出行考慮帶菊開那夜的《像嬉皮那樣晃蕩行走》，還是《張愛玲私語錄》，菊開那夜建議帶後一種，想想也有道理，張愛玲的隻言片語，哪怕是只得三分之一的精髓，也是很快樂的事呀。但坐上飛機，打開，一下子就覺得糟糕了，不是張愛玲的問題，而是這書的編排總是讓人疑心，編者宋以朗處處夾雜的按語強調其老爹宋淇為人多麼地道（曾有人建議他趕緊出版張愛玲的書，他一向不願意「挾愛玲以自重」），而這本書卻編的粗糙，給人的印象似乎是要找回那些補償，讀來自然有些不爽。

旅行中當少一些嚴肅諸如學術著作攜帶，不管書的厚薄，都會給人壓迫感，哲人那般的思索，我等這番逍遙自在，娛樂人生，實在是有一種負罪感。有次坐火車帶了冊《羅伯特議事規則》，但那嚴謹的條條框框在晃蕩的火車聲中，變得有點荒誕，最終也沒好好讀完，這就好像我們的生活中的平淡，有時會斜刺裡殺出一匹黑馬來，令人驚豔——那是遇到合適的書了。比如梁漱溟的《吾曹不出如蒼生何》，簡短的對話，言簡意深，即便是在火車上，也就好比有一搭沒一搭的閒聊，扯到哪兒是哪兒，不必擔心這其間的邏輯和因由。

隨身攜帶一冊小開本的書，是最相宜不過，鍾叔河說，小開本，一隻手可以久拿，臥讀就比較方便看，當然裝訂還得講究，無論翻開哪一頁，都要能服服貼貼，不要一鬆手就自動合攏來。這樣的書，閒淡的看下去，不八卦，不費神，看到哪兒是哪兒，不必擔心上一次看到哪個地方，這在睡前輕鬆讀一帳，也是快意入眠的，畢竟我們面對夜晚，最好的相處不是八卦的電視劇，而是享受一個美好的夜晚。

就讀書心得來說，路上書不宜帶的太多，少而精，因為在行走的過程中，總會時不時蹓進書店，多多少少都會有喜歡或可遇而不可求的書出現，自然是一種驚喜，非拿下不可，如此的長途旅行，倒似乎是一場閱讀的接力賽，循環往復，在閱讀的路上越走越遠，但不管是走到哪裡、路途有多遠總是能找到回家的路。

卷五　印刻

成都人：自戀的「妖怪」

成都人與重慶人是歡喜冤家，離不得又合不來，所以成渝口水戰一直不停息。但說到地緣關係，兩家都沒得啥子話說，親如兄弟嘛。有時表現得是互相較勁：你有春熙路，我有解放碑；你有金融中心，我有經濟中心……誰也差不了誰。「假打」、「耿直」，都是可以互相指代的名詞。

不過，成都人除了所謂的休閒、巴適、安逸之外，還有很多的精神不為外地人所知。更多的時候，我們看一個城市及其生活的人類，喜歡貼個標籤，但對成都人而言，任何標籤都有可能失之於片面性，正兒八經的成都人不牛逼哄哄，低頭做事，且不管別人如何說去，只要生活得夠好，那才是真的好。

人人都是自戀狂

沒有哪一個城市像成都人這樣自戀：美食中的所謂百菜百味，到了成都都化為川菜的一部分；四千年不更名不遷址，災難的飛地，那場汶川地震不過給成都人增加了幽默感。很多外地人到了成都，都覺得成都人太安逸了，喝喝茶、打打麻將，日子照樣過得滋滋潤潤。外地人整天看到成都人在耍起，不是擺龍門陣就是在喝茶，怎麼創造的GDP還是那麼多吶。很多人搞不醒豁這個，那是因為成都人把日子過成段子，不同的段子有不同的生活方式，也就有不同的吃票子門路，正所謂蝦有蝦道，蟹有蟹路。

自戀，說白了就是一種幸福指數。一個城市的幸福指數高不高，就看自戀的程度有多深——不是每個人都能找到那麼多的幸福感的。從另外一種意義上說，這自戀也是一種資本。比如說成都人的休閒，不是懶散，不是墮落，而是對於許多功利選擇的一種隨和態度。不是成都人不愛大錢，而是有了那麼多剛剛好滿足生活需求，足矣。

外地人就常常拿這個說事。說成都小農意識，活脫脫一個當世阿斗，不思進取，其實，在中國傳統文化裡，更多的時候人們追求的恰是張愛玲說的歲月靜好，現世安穩。成都文化標誌之一的老作家流沙河說，成都的氣質，就是平等和篤定，不積極，也不懈怠；不冷漠，也不熱情；不高昂，也不低調。分寸感很強，一切都能恰到好處。

對成都人來說，自戀成癖。火鍋從重慶移民到成都，才算得上正宗。奢侈品店店開到成都，才是走向世界。美女就更不用說了，南京的粉子叫金粉，重慶的潑辣，遠沒有成都的溫柔，乃紅粉也。所以外地人一到成都，誇不得家鄉好，你一說起，成都人就會一臉的不屑：切，我們的歷史久遠著呢，好耍著呢。弄得外地人都不太好意思，直接轉移話題。但成都人的比較哲學都學得特好，總能找到成都異於其他城市的優越感：北京雖是皇城，風沙大，卻沒有成都好耍。即便是同樣以休閒著稱的杭州，成都人也能找出幸福感，杭州的西湖固然好，但卻比不上成都市井文化，單是茶館，就是全國第一吧。總而言之，成都人不斷地把幸福感放大，再放大，轉變成城市的生長力，於是，不管是古代，還是在今天，成都都是繁花似錦：當年走馬錦城西，曾為梅花醉如泥。二十里中香不斷，青羊宮到浣花溪。

在成都，人人都是自戀狂。當你第一次來成都時，成都人會習慣對你正兒八經的說，如果沒有拒絕幸福的能力，不要隨便來成都。

奮鬥在茶館的人們

生活就是一種狀態、一種體驗，因為成都生活的性情原本就很率真、很自我——找一把高矮適度的籐椅；泡一杯唇齒留香的清茶。因此，考察成都人的日常生活，是從茶開始的。如果你不去鬥地主、打麻將那簡直是是交際上的缺陷，但如果你不會泡茶館，那可就無法體驗出成都人的生活本質——愛茶館主義。

眾所周知，成都有「三多」：茶館多、廁所多和閒人多。有種說法是一市居民半茶客，因為成都的茶館多達上萬家，每天至少有「十萬大軍」在茶館裡過活。茶館不單單是喝茶、聊天、鬥地主、打麻將的地方，還有一二十種功能：談項目、搞活動、休閒娛樂都可以在這裡一一進行。不在茶館，就在去茶館的路上，是成都人的常態。

成都人把喝茶當成日常生活的一部分，而茶館就是第二客廳、第二辦公室，據傳聞，一個樓盤上千萬的項目在茶館裡談成，更多的商務活動在這裡進行，一些選秀大賽更少不了在茶館裡「策劃」（閒聊），就連老外到成都也入鄉隨俗，好像不到茶館談一談，就顯示不出合作的誠意：喝茶並不是最重要的目的，關鍵是在輕鬆的氛圍裡，能拉近彼此之間的距離、勾兌把關係整到位。

一直以來，成都被視為閒人的天堂，成都人的喝茶，在外地人看上去休閒，有時甚至被認為是「假打」，但成都人對茶的愛好就如同對生活的熱愛，那是不分季節和天氣的。更形象的說法是，成都每天有十幾二十萬人在茶館上班。

這可不是成都人的自誇，看看街頭茶館火爆的景象就可知了。成都人的「閒」並非浪得虛名，對於生活的追求是一致的，而「閒」只是生活的表徵之一，掀開這一層才能看到成都人熱騰騰的生活，那可真是千差萬別，各人忙著各人的營生。至於外地人說的「假打」，在汶川地震以後，成都人快速地投入抗震救災的生活當中，就如謠言一樣不攻自破。至少成都人的「假打」沒有讓全國人民失望。

夜晚的嗨皮從六點開始

一個城市的生活態勢，跟它的生活節奏密切相關。儘管我們可以用各不相同的詞來形容它，也是難以給每個城市下一個完整的定義。不過，對於成都而言，確實跟別的城市大不相同，那就是在一天二十四小時中，從來都沒有停止過熱鬧，白天有白天的風情，晚上又有自己的韻味。

簡單的說，從早上開始，鮮活的生活啟幕，到上下班，也是不會忘記把生活過得精彩一些。而到了下班之後，成都人的生活從「公眾」開始變為「私享」：各有各的玩法，不一而足，熱鬧熱鬧、活色生香、探險刺激……生活的沸點在這一波波活動之後持續升高，直達第二天的凌晨，吃喝玩樂的地方依然是燈火通明，成都好像是一個不夜城，笙歌豔舞之後，回家，第二天繼續瀟灑的上班。如此每天的循環往復，似乎沒有了疲倦，也似乎少了一種孤寂，和來自生活的壓力。其實，這都是表面上的成都，更多的是顯示出成都這座城的活力。恰如詩人康本忠說：

只有晚上六點以後，它才能呈現出方向感——對於談戀愛的小青年來說，這座城市的方向感是紫荊的電影院、春熙路的夜市；對於老大不小的單身漢來說，這座城市的方向感是玉林的酒吧、寬巷子的燒烤；對於手頭有點錢的所謂財富人士來說，這座城市的方向感是科華北路的KTV、羊西線的娛樂會所；對於剛來成都的外地人來說，青石橋的海鮮燒烤和半邊橋的老媽蹄花是不能不去的傳奇；對於來成都很久的成都客來說，不去致民路美女倍出並且對岸就是香格里拉的美景地帶或者本土明星經常出沒的芳鄰路喝兩杯，就算是不瞭解成都夜生活的新聞……

無夜不成都。所謂「很成都」就是地道的成都生活。六點以後，成都人的生活方向是怎麼樣的一種快樂狀態，是少有人探究的，因為就夜生活而言，每個城市幾乎都是趨同的：無非是吃喝玩樂罷了。而這種High狀態是一直持續到深夜，其核心包含的更多的是城市給我們分享生活：愛唱歌的唱歌，愛喝酒的喝酒，愛玩樂的玩樂。成都人的生活精細到不同的圈子，圈子不必大，只要有同好就成。對成都人而言，生活的樂趣就在於分享，這在其他城市是不可想像的事情，但在成都就辦到了：運動、娛樂、美食、美女……都一一出現，這不是簡單的生活組合，而是精彩的華章，成都人可謂是真正的生活私享家，就連六十歲是大爺也會在酒吧裡泡起，而且泡得有滋有味，而美女簡直是夜晚的女巫，在各個場合流動，宛若一道風景線，讓成都的夜晚華麗無比。

成都人的豪爽與激情是難以公開展現出來的。這不僅是成都的氣質是隨和的，不摻雜些雜質的隨和，但到了夜晚就不一樣了，偽裝卸去，還原本真。這時的成都人才顯示出幾許可愛，絕不會拉稀擺帶。外地人對成都的誤讀之深，讓成都人難以理解，不就是生活嘛，幹嘛那麼嚴肅的過。樂天派的成都人笑傲江湖——沒有過不去的日子。

文化異人的天堂

你聽過不少關於成都的議論，網上網下就不要說了，單是現實中的成都，就讓人無法一句話概括。當然，這是因為成都的「水」太深，博大精深，好耍好玩的，花樣百出，就是很嚴肅的一件事情，讓成都人來做，保準也是精彩紛呈，你不得不承認，成都人的生活態度十分的端正，而且科學：把生活過的有趣一些。

日子精細到不同的時間段，對成都人而言就是家常便飯。成都人不僅如此，而且是藏龍臥虎，高手如雲。比如說文化，隨便來一個二三流的詩人放到別的地方都能成為大師；說美食，雖然有八大菜系，惟有川菜全球飄香；說美女，美女還用說嗎？那一句「三步一個張曼玉，五步一個林青霞」就夠了吧。哪怕是奢侈品，在全國都能位居三甲……古龍曾有千年一歎：這是沒辦法的事。

不是沒辦法的事。實在是成都人的思想太高級了，每個人都有自己的品質生活，格調絕對是有的：開寶馬開賓士的，跟一個騎自行車的惟一差別就是車子的不同，思想基本上一致，外地人看著像一場場生活藝術。

著名青年學者、重慶崽兒冉雲飛更是用「成都是一個出妖怪的地方」來形容成都，這裡的妖怪當然不是傳說中的妖怪，而是指具有創意性的人。《南方人物週刊》在做「四川人是天下的鹽」時，首先想到的一個概念是「四川妖怪」，畢竟在四川文化氛圍濃厚，川人出川是條龍，在川還是一條龍，這裡是藏龍臥虎之地。最為顯著的是川人有鮮明地方特色，現在和潛在對社會產生影響。

如果我們列舉成都的「妖怪」名單，一定是成千上萬個，他們以專業主義精神做著非專業的事情，一樣是風聲水起，比如詩人鍾鳴開家鹿野苑石刻博物館，二〇〇三年獲中國建築藝術獎公共建築類優秀獎，二〇〇五年獲美國《商業週刊》《建築實錄》評選的中國獎（公共建築類），這也是該項大獎首次被引入中國。令專業人士大跌眼睛。諸如此類的「妖怪」隱藏在民間的各個角落。哪怕是泡茶館，旁邊一個不起眼的人拋出一句「你曉不曉得」，一般都會引出一個「妖怪」出來，成都的「妖怪」太多，在江湖上佔有絕對的領導地位，以至於成都人看「妖怪」猶如家常便飯——不鮮見。

有人正兒八經的搞起永動機；有人邊走路邊發電，鞋子發電也不是奇跡；有人發明了「國學操」……成都人的古怪讓外地人看來簡直是沒名堂，但成都人搞起創意來，是全國一流，明明知道不可能，卻還要挑戰，顯示出成都人不怕苦不怕難的卓絕精神。

在成都，人民習慣的一句「不存在」說的直白：一切皆有可能。所以成都人看上去都有些古怪精靈。其實是成都這個充滿寬容、和諧的人文氛圍裡，讓成都不自覺的成為了文化異人的天堂。

漢中人：在歷史中打盹，在關係中折騰

如果不是專門去漢中，估計沒人會留意這樣一個城市。漢中的城市發展十分緩慢，主幹道天漢大道像樣板，又缺乏人氣，三號橋看上去很漂亮，景觀值得說的大都是在規劃過程中，所以，很多時候，漢中的魅力只能靠想像。

不過，對漢中人而言，這簡直是一種偏見。這是因為在他們心目中，漢中是漢文化的發祥地。自西元前三一二年秦惠文王首置漢中郡，漢中迄今已有兩千三百多年的歷史。漢中開漢業。西元前二〇六年，漢王劉邦以漢中為發祥地，築壇拜韓信為大將，明修棧道，暗渡陳倉，逐鹿中原，平定三秦，統一天下，成就了漢室天下四百多年，自此，漢朝、漢人、漢族、漢語、漢文化等稱謂就一脈相承至今。僅僅這個就足夠了，何況還有絲綢之路開拓者張騫的故里、四大發明造紙術發明家蔡倫的封地和葬地。李白、杜甫、陸游、蘇軾等偉大詩人曾探訪、輾轉或生活在這片土地上，並留下了瑰麗的墨蹟詩章。他們所創下的事業，至今仍然讓人津津樂道。就漢中人而言，躺在歷史文化的溫柔懷抱裡，然後偷個懶，打個盹，與時代似乎越來越遠了。

立交橋樣的關係，維繫著漢中人

不到漢中，你就不可能知道，好面子是怎麼樣的一種表現，普通而言，不過是打腫臉充胖子罷了。到了漢中，你才會發現，漢中人發揮到了極致，比如說到某個人物，人人都說認得，是兄弟夥，辦事靠得住，不用出面，一兩次飯就可以搞掂。至於是否真的認得那並不重要。

在漢中，人際關係最為重要，這跟其他城市類似，但似乎又有些不同，說到底人際關係是一種資源。資源利用得當，就能節約辦事的成本。很顯然，每個漢中人都深諳此道，在利用關係上特別捨得下功夫。固然革命不是請客吃飯，但請客吃飯卻是辦事程式中少不了一件大事。請客吃飯一定得是在最豪華的酒店或者餐廳。在吃飯過程中，當然菜是豐盛無比，至於這是不是浪費，最後花費多少，似乎都是毫不在乎的。

以至於很多外地人到了漢中，很容易就認同漢中人的熱情，很快就能打成一片，就以為漢中人大方，人際關係很容易處。但當你到了實際做事情時，則是另外一回事，人際關係的微妙處才顯現出來，因為好面子，所以很多話不是一句兩句就可以給你說清楚的，而以此彰顯自己的面子有多大，如果事情要一直做下去，得在各種關係中周旋，一件簡單的事就可能把腿跑細。所以，漢中人做事永遠是在忙，不是忙著做事，而是處理這樣那樣的關係。歷史上，劉邦在漢中運籌帷幄，也是拉關係，成就了一番事業。

在交通學上講究的是，如果直線不能行走的話，那就得建一個立交橋，這樣才能方便車輛通行，不會擁堵。在漢中，人際關係的維繫不是直線聯絡，而是通過立交橋顯示出來，這裡與那裡，看上去無關，卻連接得天衣無縫。有時，你不注意的一個小人物，可能是看大門的，守車棚的，反正看上去毫不起眼，卻是辦一件事的關鍵之處，可謂其學問大了呢。

面子成為辦事的籌碼，所以在漢中，只要是個人，大大小小都是一個人物，因為其背後牽涉的關係錯綜複雜，在中國，誰沒個三親六故七大叔八大姨朋友什麼的呢，所以人際結構網路相處就十分微妙了，一不小心，可能就得罪了人。最經典的段子是雞犬升天，東漢時，有一位叫唐公房的人跟一位仙人拉關係，從而全家升天，連雞犬都成了仙人。不過，正是由於關係處理得好，漢中才構成了一個和諧社會：不那麼商業，不那麼勢利，人人求得的是一個現世安穩。

漢文化、小江南就餵飽了的城市

如果說自戀，在中國，沒有一個城市不自戀的，但沒有一個像漢中這般自戀的。因為劉邦在這裡駐足幾個月，然後就讓漢中有了漢文化的發源地之說。漢中人以此為傲，這也沒什麼，關鍵是漢中人動不動就拿漢文化「閒諞」（方言，聊天的意思），卻又沒多少實際的東西可說，不管是城市建設，還是民風民俗，比如拜將台、古漢台、棧道，都很有價值，僅僅從歷史上看，有那麼一層關係。除此之外，漢中最好的時期是陝西的老二，這很了不起，但也僅此而已。

很顯然，靠這個漢中是發達不起來的。所以前幾年，漢中人嚷著要劃歸四川，因為周邊的廣元、巴中的經濟形勢都好於漢中，哪怕是交通都要好得多。漢中人不服氣，在陝西，漢中基本上是最落伍的代名詞。但漢中人不這麼看，因為有了漢文化，就把許多事不放在眼裡，自以為是老大。甚至於稱自己是漢文化最好的保留區，在三線建設時，一些大企業比如二汽（東風）按照戰略規劃落戶漢中，但漢中人不但不重視，反而覺得人家是來搶佔資源的——現在看著十堰的經濟發展，只能歎息一回。

另外，在漢中，讓人引以為豪的是漢江，漢江發源於漢中的寧強，以前通過它可以過重慶、直達漢口，還可以直接往下游走，水路很發達，但後來上馬許多水電站，有調查說，有九百座之多，然後漢江斷航了。斷航讓漢中的交通運輸看上去更為落伍，漢江在漢中段只有靠蓄水才能看到些許江水，空空的河床讓漢江看上去像一個巨大的工地，只是沒有機械作業而已。

有了這兩方面的因素，漢中想不落伍都不行。但在漢中人眼裡不這麼看，因為工業不那麼發達，卻成了區域優勢。加之由於秦嶺的阻擋，漢中的氣候看上去很適宜人居，被稱為陝西的「小江南」，西安的後花園——從距離上看太遙遠了些，自駕車得三四個小時，據說西成高鐵通車以後，可能只要一個小時。不過，對漢中人來說，這些都不算什麼，因為這裡是世外桃源：漢中也是地球上同緯度生態最好的地方。這片被巍峨秦嶺和蒼莽巴山環繞的盆地，被長江兩大支流漢江與嘉陵江滋養的秀土，雖然位於中國西部，但卻擁有與江南同樣的秀色，是一處得南北之利、兼南北之美的風水寶地，而一江兩岸的風景打造，可能給漢中帶來新的人居標誌，從某個程度上說，這讓漢中更加現代，甚至引領城市人居的潮流。不少地產開發商也看中這裡，來這裡開發旅遊休閒地產、文化主題地產，弄得跟一線城市接軌似的，漢中的房價就一路攀升，直逼五千元的大關。

現在，漢中人更有了驕傲的資本：由於高鐵的修建，在西安或成都上班，住在漢中不再是夢想（來往兩個小時），舒適、人居、生態是現代城市的標誌，漢中完全具備。

很搞很慢的個性讓事業難成氣候

漢中自古出入交通都不是很發達，直到當代，漢中機場只有到西安的飛機，鐵路、客運不是重點線，西漢高速也不能解決問題。這樣一來就拉開了漢中與其他城市間的距離，漢中人也因此養成了因為享受慣了小安即富的日子，缺少大視野，就變得很實際，實際到小氣的地步。

最顯著的表現是喜歡做事時「搞」，互相「搞」，你說我的壞話，我說你的不足，或者背後使刀子、下袢子，這背後有時是因為經濟利益，有時是關係沒處理好……總而言之，是看了不舒服就「搞」——可能根本就沒有什麼原因存在。基於這種因素和心理，漢中人不會像浙商那樣抱團求事業發展，一家有了困難，沒人會樂意去援手幫忙，而是一擁而上，亂腳踩死，以圖一時之快，所以，在漢中看到有人當老闆，有人關門，哪怕是七上八下，都是毫不稀奇的事。這也反映了漢中人的性格缺陷，多疑、虛榮、小氣等等，所以漢中的商人做的規模都不大，小攤位經營，即便是大的如世紀陽光百貨也因為發展不景氣，被西安民生收購，但一樣的不景氣，這固然有商業因素在內，可能更多的時候是，漢中人壓根兒就覺得你來漢中做事是有不良目的的。

但漢中人的商業頭腦很發達，很容易找到商機，因此，老總到處都是，名片看上去都是了不起的。做個小生意，對漢中人來說就是大事業，不求風生水起，但求一時安穩。從歷史、地理上看，漢中儘管天地小，卻也能經營出一個漢文化來，蜀漢故事至今依然頗為人樂道，頗有四川人的風範，卻又缺少四川人的吃苦耐勞精神。規劃、時間對漢中人來說，都是一個理論上的概念，知道就成，到了具體做事上，可謂變化萬端，出現這樣那樣意想不到的事，最後事情做完了才發現跟當初的相比，已經面目全非了。這不是準備不足，而是做事的隨意性很大。漢中人說，這就是漢中特色。

也許正是由於漢中的地理環境孕育了這樣的性格，再發揮到日常生活中去，漢中人的生活看上去就豐富完滿了，永遠在處理關係，請客吃飯，然後把事業一點點地緩慢推進。又因為缺少時間觀念，所以漢中的時間永遠晚於北京時間。也正因為這樣，在漢中，沒人把時間計入辦事成本的。

在這樣的生活氛圍中，漢中人也就養成了好脾氣，對他們來說，辦事花的不是時間、票子，而是機緣。就這樣，漢中人在做事業上，成氣候的很少，這從歷史上可找到依據，比如明清時，漢中有最發達的手工業工廠，資本主義也有萌芽，但都掐死在萌芽當中，最後沒有形成著名的品牌。現在，在漢中，十幾二十年的小店都能稱得上「老字型大小」，在漢中，不是事業沒發展空間，而是生活太安逸，少了更開闊的視野。

阜陽人：表面豪氣，背後算計

在中國地理版圖上，阜陽的位置多少顯得有些尷尬，身處南北方的邊緣，東西部的經濟規劃、發展都跟它沒多大的關係，京九線的開通似乎讓它找到了一線生機，但京九大動脈至今也沒能改變得了它的命運。

且從地理上說，阜陽位於中原的腹地，多條鐵路不管是南北還是東西的交通都繞不開，應該有著不同其他城市的優勢，在古代歷史上它也輝煌過，但這就像命脈一樣不可捉摸。至今，阜陽人最感歎的，恐怕就是沒能把握住機遇，迅速的騰飛，成為中原大地上的城市奇葩。時運不濟導致了阜陽遠遠落後於時代的後面，但阜陽人卻十分大氣地說，發達只是早晚的事情。仔細考察阜陽的城市命運，最可歎息的是它始終缺乏一點城市的溫情和亮麗，幾乎被負面新聞掩蓋了面目。

天時地利好，缺了人和

這些年，說起阜陽來，提到的差不多都是負面新聞，一件比一件火爆：王懷忠事件、毒奶粉、大頭娃娃、「白宮」事件……在短短的幾年裡，這些消息遠比阜陽的經濟增長速度要快的多。兩千年前後京九線一開通，阜陽的口號就是京九大動脈，阜陽要大發展。然後又修建阜陽機場，一副想要做國際大都市的樣子，但迄今開通的航線不過北京、廣州、上海、合肥幾條線而已。喊了許多年的口號，隨著城市的發展，並沒有給阜陽人帶來更多的實惠。那時候，在當地，不管是媒體還是街頭巷尾，都在議論這事，腰桿似乎也硬朗了許多，底氣也足了些：阜陽的發展機遇來了，千載難逢。

但醜聞的傳播讓阜陽名聲在外，機遇也就悄悄的從身邊溜掉。若從阜陽的發展歷史上看，儘管身處交通要道，但還從來沒有輝煌過，沒有成為任何朝代的都城，極易被忽略掉的，也許更重要的原因是阜陽留不住人才。簡單的說，天時地利占了，儘管地利只是黃淮海平原的邊緣，卻是五路交匯、八線引入的全國六大路網性鐵路樞紐之一。一樣是有著肥沃的土地，獨獨缺少了人和。這表現出來的不是互相拆臺，而是表面上一團和氣，到了做事的時候就敷衍起來。比如說西湖本來是一個很好的景點，歐陽修、蘇軾都十分稱讚，當地人也都覺得是好東西，但一說到維修西湖的事就都沒了語言，也因此西湖變得越來越小，風景可看的越來越少。

阜陽人愛誇大其詞，「話可以亂說」，也不需要負責。所以熟悉阜陽人性格的，都覺得這「開黃腔」有時候是南轅北轍，真的是信不得。有一個例子是，阜陽人去投資做件事情，說的天花亂墜，資金也就找到了，但許久不見動工，結果拖來拖去，人也不見影子了，在阜陽人看來，不是「跑」了，而是去想對策，但給外地的人印象就是「騙子」。所以，一說起阜陽人，大家都覺得還是少打交道為妙。

當然，對阜陽人來說，這是小概率事件，因為更多的阜陽人來說是善良的。不過，阜陽人的人才缺失和地方經濟環境有關，南京、上海、杭州，都是有發展前景的地方，哪一個不比阜陽的經濟強？即便是合肥、鄭州，再不濟的徐州都比阜陽有優勢，這讓阜陽人想先富起來的一批人走掉了。他們賺錢了，有名了，也不再回來，因為找不到事業發展，所以，阜陽人留下來的基本上是個「爛攤子」——民工每年都出去許多，留下來的是老弱病殘，阜陽的經濟一直不是很好跟這個大有關係（許多負面新聞的產生亦跟這個有關）。

農民工回鄉，創業艱難

每年的春運，阜陽都是重點客運站。有時可以視為中國春運的風向標。這是因為阜陽是全國最重要的民工輸出地。有人曾戲仿金庸的名句說，只要有工人的地方就有阜陽人。這民工潮最早可以追溯到改革開放之初。阜陽的地理位置雖好，但基本上是以農業為主，工廠、企業都不是很發達，是國家重要的農副產品基地。有資料顯示，阜陽農剩餘勞動力在兩百萬人以上，但現在這個資料估計還得翻一番。走在阜陽的街上可能還感覺不到阜陽人的變化，一走進臨泉、太和幾個縣城，明顯就感覺到跟大城市發展迥異的地方：中青年基本上都外出打工了，家裡只剩下些老弱病殘，而這引起的諸如留守兒童、社會治安等問題不在少數。有專家認為，阜陽是中國城鎮化、勞工轉移的縮影，而作家陳桂棣與春桃合著的《中國農民調查》很多材料都是來自於阜陽，由此揭開了農民的原始生存狀況。

正是由於民工的大量輸出，阜陽的經濟在全省排名中並不算落伍。民工們掙了錢，再返回鄉村，進行建設——修房建院，卻很少拿來投資各種產業，這不是投資理念的問題，而是創業環境並沒有達到理想的狀態，在臨泉有一位創業者表示，創業艱難，無法貸到足夠的款項，企業規模上不去，連融資都是困難的，在這樣的背景下，創業即大多以失敗告終，然後再外出打工，這樣的循環客觀上並沒有帶動地方經濟的發展。

阜陽人在此時面臨的狀況是尷尬的，即便是身處阜陽城區的人一樣是有這樣的境遇，很多人將此歸結為環境不好，貪污腐敗成風，導致了社會習氣變糟，因此創業也就面臨著更多的風險。那麼，阜陽人最終的選擇要麼是在外地創業，要麼是離開，不再回來。

也正因為如此，阜陽人的經濟發展始終是不好不壞的。反映在人的性格上是沒有多少錢，就想急於掙錢，在掙錢的門路上可謂是八仙過海，各顯神通。但不管是怎麼去掙錢，都得面臨一個問題，以農業為主的城市，經濟發展一般而言不會一下子上去的，這就決定了阜陽人在選擇事業的問題上更急功近利一些。看著什麼賺錢容易，就會一窩蜂的上去。所以，有時在阜陽吃飯是一個問題：好一點的館子，你人數少可能不被接待，因為你消費的少還不夠他操心的呢。

潛規則之下，讓人搞不懂

土生土長的阜陽人都覺得阜陽缺乏特色，說歷史文化，固然有一些，但都夠不上輝煌；說交通，也是很發達，卻不是交通重鎮；說地方特產，好像其他地方生產的特產跟阜陽的也相差無幾……總而言之，一下子你很難找出它的特色在哪裡，甚至連那些優點也被這樣那樣的缺憾掩蓋了。

按理說，阜陽這樣的城市基於交通網絡的發達，應該是商業城市，因為農業人口占大多數，所以商業也不是很景氣。幾大商場看上去很氣派，那是阜陽的臉面，但是不是夠好看，則是另外一回事了。

表面上看，阜陽人很豪爽，待人熱情，但其實是看中你能給他帶來什麼？早先的樸素民風也變得市儈起來。在阜陽問路，你總得不到一個明確的答案，不是他們不熱心，而是覺得告訴了你，也是白搭（沒有啥好處）。阜陽說的出的工業企業在全國排上名號的，極少。最多的是每個縣都有自己的名酒，比如種子酒、文王貢、焦陵酒之類的，但這樣的酒基本上是自產自銷，能在全國叫得響的品牌幾乎沒有。

早些年，阜陽人做事最不地道的是出門乘車是怕甩客，走在半路讓你添加路費，你拒絕支付，就給你找個前不著村後不著店的地方丟下。做事總著眼於眼前，看不見長遠的發展。阜陽人、留美博士劉克亞就說，阜陽是鳥不生蛋的地方，一是窮，二是沒發展潛力，三是人情淡薄的多。那麼，這更深層次的原因，可能是阜陽受外界的影響很大，資訊傳遞迅速，距離上海、杭州很近，不自覺的都沾染上了互相攀比的習氣，但底氣不足，結果表現出來的樣子就有點荒誕不經，嚴肅之中透著滑稽。如果給阜陽人來一個自畫像，很可能就是這樣一副尊容。

也正因為這樣，阜陽人做事看人說話，辦事總先要搞一下「潛規則」：先送禮後辦事是正道，哪怕你再有理的官司，如果你不送禮給相關部門，可能就贏不了官司。關係硬不硬是阜陽人辦事的標準。所以，阜陽人的豪爽是有限度的，有條件的。不特如此，阜陽人還習慣於拐彎抹角的找關係，因為關係廣，路子寬，你也可能成為當地的紅人。

這關係也有可能是吃過一次飯，聊過一回天的緣分，但這有什麼要緊的呢。俗話說，一回生二回熟嘛。阜陽人深諳此道，虛榮、浮華不再是表像，更是阜陽人際關係的最大的奧秘所在。

因為模糊，無法確定的形象

與其說阜陽有優勢沒有更好的發揮，倒不如說由於地緣經濟的不平衡發展：東靠不了沿海，西比不過西部，哪怕是在中部也是不顯眼的。若考察阜陽人的性格變遷，這不僅牽涉到地緣、經濟、社會諸多問題，更重要的是，在許多問題的掩蓋之下，可能無法看清楚阜陽人的一個立體的形象。這在文化上也引起廣泛的討論，簡單的可以劃為兩派：一派是愛阜陽主義者，他們認為，阜陽人熱情、憨厚膽大、人傑地靈、文武雙全、英雄輩出、能吃苦、講義氣、好說敢為。「我們阜陽人是不輕易動手的，以情動人、豪情萬丈是我們的強項。」而與此相反的我們不妨稱之為貶阜陽主義者，他們覺得阜陽人不夠好，這也有問題那也有缺點，最明顯的就是各類負面新聞層出不窮，但他們都基於同一點，那就是對阜陽的熱愛程度不同，表達出的方式也就有了差異化，這就使他們劃分為兩個截然不同的派別。

然而，就阜陽人來說，你很難給他定性為好或壞，那麼中庸一點詞語或許適合阜陽，但問題在於阜陽人表現出來的多面性，是模糊不清的，但不管怎麼變化，阜陽人表現的更為自私一點，做什麼事都是以「我」的標準作為出發點來衡量——利益最大化以後到底有多少，才是阜陽人最關心的問題。這不是簡單地以世俗就能解釋的了的，或許跟城市環境下的心理作用有關。

與其他同類城市相比，阜陽甚至缺乏清晰的定位，甚至於連城市規劃也是如此——不是地方政府不用心，而是面對大量的資訊缺乏對城市的準確定位、包裝，行銷更談不上了。而這也決定了阜陽只能是符號化，被邊緣化。但不甘心的阜陽人努力地想表達出一種積極向上的態勢，於是，就有夾縫生存的尷尬。也因為如此，阜陽人給人的印象就變得模糊不清，甚至於連形象都是側面或背影，一個城市發展到這樣的狀況，很顯然是失敗而不合理的了，恰如當地的俗語所說的那樣：吃不窮，穿不窮，算計不到就要窮。

走在阜陽的大街小巷，給人的感覺那就是一個北方的城市：乾燥、灰塵，連汽車都顯得有些髒兮兮的，所以，阜陽呈現出來的色調是灰色的，連人的面貌似乎都有些古怪的特徵——或許是跟當地的風土人情的世俗相關，人不自覺的進化到這樣一個模糊影像的程度。

漂在桂林夏天的四個瞬間

桂林山水甲天下，一直在瞅機會去桂林耍一下。終於在夏天跟一大幫網友成行了，這對我來說，不僅是山水之遊，而像安石榴兄說的那樣：就在於其作為一個散客在人群中的出現和吸引力，而群體對他的烘托或推崇終究是臨時的短暫的。無論以何種方式聚集，不管期間發生過任何機遇、激情與投機，都終歸是一次旅行。

如果說桂林是適合漂的城市，大概也是十分恰當的。簡單的說就是在灕江上漂，從桂林下陽朔，盡可欣賞山水風骨了。可惜行程太短暫，只漂一小段了事。但對桂林人來說，這漂是一種激情，一種樂趣，更是一種生活方式，給平淡的生活添一些色彩。

攀爬的瀑布上漂

桂林之行的第一站是古東景區，這最大的特色就是瀑布。瀑布在很多地方都有，也不新鮮，但大多是只能遠觀而不可褻玩也，能參與到其中體驗戲水之樂也是一大享受。這一次，是不能錯過的旅行之趣了。看了行程表，我還以為是在這裡漂流，豈知只是攀爬瀑布的，想來不免有些小小的遺憾。

還沒到古東之前，桂林詩人劉春兄就說，這裡的瀑布多達九級，它們形態各異，有的如鴛鴦戲水，有的如蛟龍噴水，有的在長滿青苔的岩壁上，瀑水如布，水紋清晰可鑒，呈白色透明狀，猶如噴霧行雲；有的水流集中下注跌入深潭濺起層層水霧浪花，猶如細雨濛濛，瀑布兩岸林木蔥郁，蔭蔽幽靜……好一個風輕所在。

看來如果不攀爬一回，感受一下漂的滋味，是無論如何都說不過去了。但到了現場才曉得，因為水勢過大，只能在二級瀑布小試一下。一行人看了看順勢而下的激流，都有些膽怯了，要知道這在水中攀爬不僅需要激情，還需要技術的，像我這樣的胖子，只能是望而興歎了。

大家你看看我我看看你，沒人敢攀上去，這可不比爬山那般的簡單，也不比平時所見到的攀岩。倒是有兩位美女勇敢的試驗，穿上雨衣、草鞋，幾乎是全副武裝，似從田野歸來的農人，我等只好站在瀑布下，看著她們向上一路攀過去，到了瀑布的中間，回首拍照，那樣子真是美極了，看得我都有些心動了，怎麼著都想試一下。可領隊卻催跟上前行的隊伍，得只好作罷，下次，有機會一定來一次。

漂在梯田的風骨裡

龍勝的平安寨梯田是到桂林不可不看的去處。我們從古東景區出來，即趕車去看梯田。山路不是很好，到了梯田，幾近傍晚了。把行李放進還沒裝修好的天涯客棧，一行人就上山拍梯田。

這裡的梯田看上去跟雲陽梯田相彷彿，站在山上才發現山即是田，田即是山，莊稼有些鬱鬱蔥蔥，若是到了收穫的季節，怕是更加壯觀。在平原生活多年的經驗告訴我，在這裡，你不能不佩服山民的堅韌，別的不說，就是收割莊稼都是極為麻煩的事，一代代在這裡繁衍，那需要的是怎樣的一種精神。

正瞧著這神奇的景觀，一團雲霧飄過來，梯田若隱若現，更遠的地方早已朦朧一片，大家只有感慨的份了。不知道第二天的天氣如何，若是陰雨天，那可就沒什麼可看的了。

夜裡飄起了細雨，那雨聲竟然是格外的清脆，惹得人都有幾分詩意了。天亮了，推開窗，卻看見外面雲遮霧繞，哪兒還尋見梯田的影子？

不過，好運氣似乎總是與大家相伴的，吃完早餐，大家再次上山，還沒到山頂卻意外的有了陽光，梯田重現眼前！

這情景可真令人心曠神怡：陽光下，遠山連綿起伏，近處的山坡上一層層梯田盤旋而上，彷彿千萬級雲梯，又如一扇扇半展半折的扇面。站在山頂向正前方望去，七個小山包分別矗立在七塊田中央，正中的小山包上有一塊彎彎的「月亮田」，遠遠望去像七顆閃爍的星星守護著彎彎的月亮，那就是龍脊梯田有名的景觀「七星伴月」了。若是橫看過去，又有不同的景色，梯田的千姿百態把這原野也襯托的更加瑰麗起來。

此時，我忽然想起那首民歌來：月亮還做夢，火把照天紅。不等太陽醒，就得上早工。挖山地皮動，挑擔腳生風。田往龍脊開，從此不受窮……

在豐魚岩夜漂

還在去桂林的路上，同行的美女孫曼就告訴我說，這次參加活動最刺激的是漂流。當然，漂流我們是在不同的場景中見識過，但親身體驗還從來沒有過。怎麼個刺激法，像我這樣的半大老頭實在是想像不出，大概只有到現場才能知道那是怎麼一回事。

我們要去夜漂的是豐魚岩，那是國內外罕見的奇特大溶洞，橫穿九座大山，全長五點三公里，洞中大廳連小廳，最大廳面積達兩萬五千五百平方米。最令遊客感興趣的是，溶洞中還有一條長達三點三公里的地下河可放舟遊覽。高闊的洞天，幽深的暗河，密集的石筍，匯成氣勢雄偉的洞穴奇觀，享有「一洞穿九山，暗河漂十裡，妙景絕天下」之美稱，被譽為「亞洲第一洞」。我們的夜漂卻不是走全程，也是其樂無窮的。

且說那一晚，我們到了荔浦縣。據說當年的楊玉環就是喜歡這兒的荔枝的。我們沒去品嚐荔枝，而是趕緊吃晚飯，完了去進行夜漂。在我的想像裡，大概跟夜遊差不多的一個概念吧。大不了一群人在外面吃吃喝喝罷了。

在去夜漂之前，大夥先去看了瑤哥瑤妹的民俗表演。其實這就相對於一段插曲。到了豐魚岩，下到谷底，幾位美女膽小了，到處找會游泳的男生。畢竟是一條橡皮筏只能載四個人的。於是一條條船開出去，結果只剩下我們四個大男人乘一條船。向下划，左面的船一會就超過我們了。這怎麼行啊。導遊小王就出主意怎麼划，但不管怎麼樣划，都是落伍的。這下沒轍了，好在不是最後的一條，也算顏面無失的。

幸好，這路程不過一兩公里遠，就這麼著划來划去似乎也沒多大的意思，漂嘛，當然來點刺激的才好。這麼著，就開始了打水仗。正遇到一個水漩渦，且把船停住，左右開過，這下，好玩了。大夥把船停住，就玩開了。記不得到底誰濕身了。只知道那時候水花飛舞，女生尖叫，剛才的歌聲消失不見了。鬧得差不多了，大家繼續向前回划行。

來回一算，花了還不到一個小時的時間。出得岩洞，大夥還在回味剛才的情景。興奮之中還有些許激動。也許是因為水，也許是因為夜漂，誰也不知道。反正是隨後大家去泡一泡藥浴，夜漂的話題繼續升級……

洗洗，接下來似乎應該是睡了。八個男人跑到酒店後面的一家館子裡吃起了夜宵，突然這讓我想起了兄弟夥在一起喝酒、唱歌，那快樂的時光似乎一下子又回來了。

西街之流

到桂林不到陽朔，簡直是沒品位的做法。小你說，成都人一到秋冬天，就都成了候鳥，紛紛逃亡南方。有的朋友在十月底就出發前往陽朔，在那個陽光之城照了一組太陽回來分送各位老友。這些照片引起了豔羨和模仿。更多人出發前往陽朔，發回來更多的照片。

夏天去陽朔，給我的感覺就更瘋狂一些，甚至於說，到那裡就是把成都的休閒帶過去，但在陽朔到處都是懶散行走的人，各色各樣的，好像大家都沒什麼事等著去做。我們一行人把桂林之行的最後一個下午和夜晚扔給了陽朔，更準確一點說是在西街。

對於逛街，我的興趣向來不大，即便是購物也提不起興趣，再說在那小攤小販的手上買東西，殺價的技術確實一般，生怕上當，就乾脆什麼都不買，只在街上略微走了走，就打住。然後，幾個傢伙躲在咖啡館裡神聊，倒落一個清閒自在。餘下的人逛街的逛街，買小玩意兒的盡情買去。

當地的朋友說，夜晚的陽朔才最好玩，大排檔有各色美食，更有美女夾雜其間，這場景讓我想起在成都的許多吃宵夜的夜晚，我沒想著能在這裡有一場豔遇，只要這個夜晚過得有意思才成。吃過晚飯，大夥跑到西街亂竄，看著什麼都覺得新奇不已：美食自是不少，只恨胃口不是太好。那紀念品也是五彩斑斕，即便是家用的桌布，也是不同的圖案，可惜，這時候大夥哪兒還有心境瀏覽，早在一家叫天涯的酒吧裡坐下。酒吧說是搞活動，今天讓大家喝個痛快，一個人只需十塊錢。這等好事豈能錯過，於是還沒吃完飯就拿著沒開的啤酒，直接殺過去。開初，只有幾個人喝酒聊天，外面這時狂風大雨，「還是我們幸福嘛，躲在小樓喝酒，至少不會被雨淋著」，也很痛快。剛開始是，幾個人小範圍地喝，後來，逛街的人也都跟著過來，酒就逐漸喝高了。同行的兩個廣西人不知道因為什麼事吵了起來，全是用廣西方言，我們還以為會有一場大戰一觸即發，趕緊把酒瓶子、杯子轉移到旁邊，結果是虛驚一場，這可真是不幸之中的萬幸了。

西街之流，時間猶如流水一般的逝去。等到走出酒吧，已經是深夜了，街上還有到處閒走的人。我們就又在西街上走了起來，遇到中意的東西，就大聲跟老闆講價。講不下來，就大笑而去，邊說你這老闆，生意沒有這樣做的嘛。那一刻，就是一個世俗透頂，哪兒還談得上小資？

張克純：行走的攝影

秋日的下午，在弘文咖啡館，見到了傳說中的攝影師張克純。可能給人印象深刻的是他的那張著名作品《地震中的狗》，二〇〇八年十二月十二日，曾在〇八NATIONAL GEOGRAPHIC《華夏地理》全球攝影大賽中獲得自然類攝影一等獎的作品《地震中的狗》，在美國國家地理總部所在地華盛頓舉行的國際評選中奪得自然類國際大獎。這是中國攝影師第二次在權威級國家地理學會全球攝影大賽中摘得頭籌。

張克純更樂意談他的攝影新主題——黃河，在這裡他嘗試，尋找，以此想發現中國人生活方式的某些命脈——那是一種生活張力。

《地震中的狗》，讓他走進大衆

汶川大地震發生後，二十八歲的張克純以志願者身份進入綿竹，在漢旺某家屬區一幢呈九十度倒塌的房屋中，他看到頂層房間中的一幕慘相：一條拴在陽臺上的狗被鏈子拴住，無法逃生，被地震無情地奪去生命，他舉起手中的相機，記錄下這悲劇性的一刻。《地震中的狗》以非同一般的視角，刻畫了自然的無情和自然災害帶給人類世界的顛覆與衝擊，張克純通過記錄動物的受難，間接體現了災難對人類帶來的傷害。張克純說，至今他都不敢正視這張圖，因為太慘烈了。

張克純於二〇〇九年年初前往位於華盛頓的美國國家地理學會總部，參加國際頒獎典禮，他也由一名業餘攝影愛好者成為了一位專業攝影師。面對這個有著一定壓力的新身份，張克純這個二十八歲的年輕人做出如下宣言：要把想拍的東西儘量拍下來，「免得以後後悔」。

這張照片出來以後，張克純才走進大眾的視野，媒體對他進行了跟蹤報導，但作為一名攝影師，很顯然，是不滿足於這樣的一種狀態，或者說，他所嚮往的是一種行走，在攝影之路上越走越遠。

在黃河邊行走

今天的張克純更樂意去談他的攝影新主題，像《地震中的狗》是新聞攝影的一種，可遇而不可求，從日常生活的常態中發現才更為重要。從二〇一〇年開始，張克純開始了黃河的攝影，每次出行的裝備包括一台老式的相機、折疊式自行車，在黃河邊待上一個多月，在那裡，他記錄下了不再是一個黃河的變遷，而是通過尋找到黃河傳統生活方式，「在很多時候，我們忽略掉了我們的過去，我想找回它，因為黃河，中華民族在這裡生活了數千年，那是農耕文明時代，也是中國最深厚的文化給養。」他說。

在包頭，觀察冬釣的人，青海湖的雨……在鄉村間行走，看似簡單，卻包括複雜的過程，比如要之前就研究當地的風土人情，他們生活習慣和方式，更多的是一種日常細節，而這些場景的出現也是偶然的，隨著中國城市化的進程速度加快，年輕人越來越多選擇外出打工，成為異鄉人，而老人則成為留守人員，他們跟年輕人的互動在減弱，也因此，傳統文化的傳承呈現出一種斷裂的狀態。

「有時候，幾天都沒動一下相機，不是沒有拍攝的慾望，而是在整個攝影的過程中，無法發現令人沉澱下來的東西。」他以這種行走的方式，往返於城市與黃河岸邊。

我們都是異鄉人

張克純出生在德陽下面的一個小地方，在那裡生活多年，後來到了成都，「不知道這算不算一種出走。」在更多的時候，藝術家以這樣的方式表達自己的思考。

從黃河岸邊回來，差不多就十幾二十天的樣子，然後再出發。在成都的這些天，他在查找各種資料，在出發之前，「我就知道自己的攝影主題，也因此，備課的時間花的不少。」他說，這樣的行走，對自己也是一種磨練。

香港詩人、攝影師廖偉棠曾說，「但是對於經歷過北京的我，香港又重新成為一個異鄉——如今異鄉真正成為故鄉的代名詞，他再也不是束縛我的地方，反而成為我的一個新的『發射基地』。新遷徙時代早已來臨，我和這些『失散』了的北京浪人們，總有將來不確定的某時、在不確定的某地相聚的一刻，生活正因未知而充滿可能。」「青春到處便為鄉」，這既是一個贊許，也是一個要求，要求我們在尋找「生活在別處」的時候時刻保持青春的氣盛。

在這個經濟文化轉型時期，我們離開的每一個地方即是異鄉，無法再走回去，從那裡來，到這裡去，看上去簡單的命題，卻充滿了不確定性，而這也讓我們的在路上多了一些玄機和偶遇，這樣的旅程是一種生活所在故鄉。而從這個意義上看，張克純在表達的更多是一種慎思，對中國經濟大潮下的一種反叛，在那裡，他想找到的是一種日常生活方式嬗變的根源所在。

跋

文——朱曉劍

行走在不同的地方，總會有些許感慨留下來，不管是好的還是不好的，這都不妨稱之為一種旅行簡慢的過程。

《漫遊者行記》所收錄的文字是這些年行走的點滴記錄。這裏所記錄的與其說是一些感悟，倒不如說是在揭示行走的本質：更多的時候，我們不過是在追尋而已。

在這本書所談論的內容事關旅行的種種，書分五卷，第一卷「川上」是關於四川的旅行小細節，取孔老夫子的話語之意，「子在川上曰，逝者如斯夫，不舍晝夜」也。卷二為「雲下」，雲南又稱彩雲之南，既為雲南風景之素描。雖有泛泛而談之處，那一份情感卻格外值得珍重。卷三為漢中記，是我在陝西漢中生活幾個月的生活記錄，亦含有居遊的意思了。卷四是細部，即旅行之細節，拒絕大而空的宏觀文化評論。卷五為印刻，即旅行中的那些值得回味的部分。

有人說，人生最好的旅行，就是你在一個陌生的地方，發現一種久違的感動。對我來說，行走所帶來的愉悅或憂傷，都是旅行當中的一部分。嚴格意義上說，我雖然不是職業旅行家，卻還是希冀通過《漫遊者行記》傳達自己的旅行理念。

最後要感謝家人的支持和寬容，才有時間四處遊蕩，與山水親近，在城市漫遊……感謝蔡登山兄的雅意和編輯廖妘甄的努力，才有了《漫遊者行記》的問世。

二〇一三年一月十六日

釀文學147　PG0997

漫遊者行記

作　　者　朱曉劍
主　　編　蔡登山
責任編輯　廖妘甄
圖文排版　楊家齊
封面設計　陳佩蓉

出版策劃　釀出版
製作發行　秀威資訊科技股份有限公司
114 台北市內湖區瑞光路76巷65號1樓
電話：+886-2-2796-3638　傳真：+886-2-2796-1377
服務信箱：service@showwe.com.tw
http://www.showwe.com.tw
郵政劃撥　19563868　戶名：秀威資訊科技股份有限公司
展售門市　國家書店【松江門市】
104 台北市中山區松江路209號1樓
電話：+886-2-2518-0207　傳真：+886-2-2518-0778
網路訂購　秀威網路書店：http://www.bodbooks.com.tw
國家網路書店：http://www.govbooks.com.tw
法律顧問　毛國樑　律師
總 經 銷　聯合發行股份有限公司
231新北市新店區寶橋路235巷6弄6號4F
電話：+886-2-2917-8022　傳真：+886-2-2915-6275

出版日期　2013年7月　BOD一版
定　　價　250元

國家圖書館出版品預行編目

漫遊者行記 / 朱曉劍著. -- 一版. -- 臺北市 : 釀出版,
2013.07
面； 公分. --(釀文學 ; PG0997)
BOD版
ISBN 978-986-5871-65-9(平裝)

1. 遊記 2. 中國

690 102011694

讀者回函卡

感謝您購買本書，為提升服務品質，請填妥以下資料，將讀者回函卡直接寄回或傳真本公司，收到您的寶貴意見後，我們會收藏記錄及檢討，謝謝！如您需要了解本公司最新出版書目、購書優惠或企劃活動，歡迎您上網查詢或下載相關資料：http:// www.showwe.com.tw

您購買的書名：________________________________

出生日期：________年________月________日

學歷：□高中（含）以下　□大專　□研究所（含）以上

職業：□製造業　□金融業　□資訊業　□軍警　□傳播業　□自由業

□服務業　□公務員　□教職　□學生　□家管　□其它_____

購書地點：□網路書店　□實體書店　□書展　□郵購　□贈閱　□其他

您從何得知本書的消息？

□網路書店　□實體書店　□網路搜尋　□電子報　□書訊　□雜誌

□傳播媒體　□親友推薦　□網站推薦　□部落格　□其他__________

您對本書的評價：（請填代號　1.非常滿意　2.滿意　3.尚可　4.再改進）

封面設計____　版面編排____　內容____　文／譯筆____　價格____

讀完書後您覺得：

□很有收穫　□有收穫　□收穫不多　□沒收穫

對我們的建議：________________________________

____

____

____

請貼
郵票

11466
台北市內湖區瑞光路 76 巷 65 號 1 樓

秀威資訊科技股份有限公司 收

BOD 數位出版事業部

(請沿線對折寄回，謝謝！)

姓　　名：＿＿＿＿＿＿＿＿　年齡：＿＿＿＿　性別：□女　□男

郵遞區號：□□□□□

地　　址：＿＿＿＿＿＿＿＿＿＿＿＿＿＿＿＿

聯絡電話：(日)＿＿＿＿＿＿＿＿＿＿(夜)＿＿＿＿＿＿＿＿＿＿

E-mail：＿＿＿＿＿＿＿＿＿＿＿＿＿＿＿＿